Karsten Rauchfuß

Nächste Ausfahrt Gotha (Thüringen)

Karsten Rauchfuß

Nächste Ausfahrt Gotha (Thüringen)

Der Krimi-Freizeitführer

ISENSEE VERLAG
OLDENBURG

Titelbild:
Copyright by L.Ebhardt

Bibliografische Information der Deutschen Bibliothek

Die Deutsche Bibliothek verzeichnet diese Publikation in der Deutschen Nationalbibliografie; detaillierte bibliografische Daten sind im Internet über <http://dnb.ddb.de> abrufbar.

ISBN 978-3-7308-1465-9

Gedruckt bei Isensee in Oldenburg

Personen und Handlungen sind frei erfunden.
Ähnlichkeiten mit lebenden oder toten Personen
sind rein zufällig.

Da auch Gotha, wie viele Städte, einem ständigen Wandel unterliegt und Irrtümer vorbehalten sind, besteht für die Aktualität, Korrektheit und Vollständigkeit der Angaben, keine Gewähr.

Außerdem distanziert sich der Autor aus rechtlichen Gründen von allen Inhalten der aufgeführten Internetseiten.
Es sei erwähnt, dass der Autor auf aktuelle und zukünftige Gestaltung, sowie Inhalte oder Urheberschaft der aufgeführten Internetseiten keinen Einfluss hat.

Bei den Freizeittipps handelt es sich um eine persönliche Auswahl aus der Vielfalt dessen, was Gotha zu bieten hat.

Ausführliche Informationen zum reichhaltigen Freizeitangebot der Stadt finden Sie bei der Tourist-Information Gotha am Hauptmarkt 33.

Montag bis Freitag	von 10:00 Uhr bis 18:00 Uhr
Samstag	von 10:00 Uhr bis 15:00 Uhr
Sonntag (Mai-Sept.)	von 10:00 Uhr bis 14:00 Uhr

oder unter: Tel.: 03621/ 510450,
sowie unter: www.kultourstadt.de

INHALTSVERZEICHNIS

- Hymne -

GOTHA
Fünf Stunden war ich unterwegs,
nach Hause war'n es noch drei.
Da kam ich auf der Autobahn
an' nem Ausfahrtsschild vorbei.
Von Gotha hatte ich schon gehört,
ich brauchte eine Pause.
Ich setzte den Blinker und fuhr ab -
und fühlte mich wie zu Hause.

GOTHA
Du Perle am Thüringer Wald.
Du lässt niemanden kalt.
Hier mache ich immer wieder gerne Halt.

GOTHA
Dein Herz am richtigen Fleck.
Ich hab' dich neu entdeckt.
Und will niemals wieder hier weg.

Drei Wochen war ich nicht zu Haus',
der Urlaub war ganz toll.
Doch insgeheim hatte ich schon
nach Tag zwei, die Nase voll.
Ich vermisste mein Schloss Friedensstein,
das Markttreiben sowieso.
Und Pasta und Tiramisu
gibt's auch bei Antonio.

GOTHA

Wer einmal Dir nahe war,
bleibt verliebt mit Haut und Haar.
Bist ganz normal und doch sonderbar.

GOTHA

Du Kleinod am Thüringer Wald.
Bist nagelneu und alt.
Wir seh'n uns wieder, schon bald.

Der Job trieb mich vor vielen Jahr'n,
hinaus in die weite Welt.
Doch nie kam ich an einen Ort,
der mir so gut gefällt.
Jetzt bin ich grau
und hab' nur noch einen Traum.
Zurückzukehr'n an den Platz,
von dem ich einst abgehau'n.

GOTHA

Perle am Thüringer Wald,
Du lässt niemanden kalt.
Hier mach' ich immer wieder gerne halt.
GOTHA
Dein Herz am richtigen Fleck.
Ich hab' dich neu entdeckt
und will niemals wieder hier weg.

Hilflos

„Polizeiinspektion Gotha, Neumann am Apparat. Was kann ich für Sie tun?“
„Hallo? Oh, dieses verdammte Smartphone. Natürlich kein Empfang. Da kann man sich ja mit Rauchzeichen besser verständigen, als mit diesem neumodischen Telefon. Aber sie musste sich ja unbedingt so ein Ding anschaffen. Hallooho, ist da jemand in der Leitung?“
„Ja, Sie sind mit der Polizeiinspektion Gotha verbunden. Mit wem spreche ich?“
„Ah, ich höre was. Hier spricht Herbert Onken.“
„Um was geht es denn?“
„Um was es geht? Sie sollten besser fragen, um wen es geht. Natürlich um meine Frau Elvira Onken. Ein Leben lang geht es nur um sie, verstehen Sie? Seit dreißig Jahren, die wir nun schon verheiratet sind, geht es nur um sie. IHRE Bedürfnisse, IHRE Migräne, IHREN Freiraum, bla, bla, bla...“
„Herr Onken, nun beruhigen Sie sich erst einmal.“
„Beruhigen? Dreißig Jahre lang habe ich den Mund gehalten, klein bei gegeben, auch wenn sie im Unrecht war oder Dinge vorschlug, auf die ich keine Lust hatte. Aber die werte Frau Onken hat jeden meiner Einwände als einen persönlichen Angriff empfunden.
Ich werde mich nicht beruhigen. Sind Sie verheiratet?“
„Nein, Herr Onken, ich bin nicht verheiratet. Können Sie mir bitte jetzt den Grund Ihres Anrufs nennen?“
„Das habe ich Ihnen doch schon gesagt, es geht um Elvira. Gestern morgen saßen wir noch gemütlich beim Frühstück in unserem Garten. Sie müssen wissen, wir kommen aus Norddeutschland. Haben ein kleines Häuschen in Hude. Hude liegt

nicht weit von Bremen, wenn Ihnen die Stadt etwas sagt. Na, jetzt, wo die Mauer schon so viele Jahre lang weg ist, werden Sie ja sicher schon mal in unserer Gegend gewesen sein.“

„Herr Onken, ich stamme gebürtig aus Cuxhaven. Kommen Sie bitte endlich zur Sache.“

„Nur mit der Ruhe. Ich versuche Ihnen ja gerade zu erklären, warum ich anrufe. Also: Wir saßen gestern morgen in aller Ruhe im Garten, als Elvira plötzlich die Idee kam, sie wolle in den Thüringer Wald fahren. Ich habe sie angeschaut, als wäre sie nicht ganz richtig im Kopf. Wir haben einen wundervollen Garten, mit einer Wildblumenwiese, auf der man stundenlang die Bienen und Hummeln beobachten kann. Wenn der Wind durch die Äste unserer Hainbuchenhecke weht, ist es, als könne man die Nordsee rauschen hören. Sie verstehen also, warum ich sie so ungläubig angesehen habe. Unser Garten ist Urlaub pur.

Aber nein, meine Frau musste mir einen Prospekt von dieser Stadt unter die Nase reiben und mir erklären:

„Die haben ein altes Schloss, einen riesigen Schlossgarten und sogar eine Orangerie. Und ganz in der Nähe ist ein Berg mit diesem komischen Namen.“

Ich entgegnete darauf hin:

„Was hat ein Berg mit einer Insel zu tun?“ Doch sie überging meine Frage und erklärte:

„Es gibt dort einen Berggasthof auf fast 1000m Höhe.“

Ich versuchte eine witzige Bemerkung und sagte grinsend:

„Wenn ich auf eine der Ostfriesischen Inseln einen Sandhaufen aufschütte, habe ich auch einen Inselsberg, auch wenn er nicht so hoch ist.“ Meine Frau reagierte allerdings mit einem humorlosen Kopfschütteln.“

„Herr Onken, bitte.“

„Ich dachte noch, ich hätte die Chance „nein“ sagen zu dürfen,

doch da gestand sie mir bereits, dass sie zwei Herbergsplätze im Augustinerkloster, direkt neben der Augustinerkirche, gebucht habe. In einem Kloster. Können Sie sich vorstellen, was für ein Film in diesem Augenblick vor meinem inneren Auge abgelaufen ist?
Zusammen mit Mönchen Wasser und trocken Brot auf einer abgewetzten Holzbank zum Frühstück. Stundenlange Gebete, statt Schlagermusik auf NDR1 aus dem Radio. Dann hätte meine Frau uns auch ein freies Bett im Maria Magdalena Hospital besorgen oder wir hätten die Nächte auf einer Besucherbank vor einem der Gemälde im Herzoglichen Museum verbringen können.
Naja, so schlimm ist es dann im Kloster doch nicht. Es gibt im Zimmer zwar kein Radio und keinen Fernseher, aber das Essen ist ganz anständig. Als ich heute Nachmittag durch den alten Säulengang im Innenhof des Klosters schlenderte, kam mir die Stille so unendlich befreiend vor. Zum ersten Mal stellte ich mir vor, wie ein Leben ohne Elvira sein könnte."
„Herr Onken, wir sind nicht die Eheberatung. Wenn Sie keinen Notfall melden wollen, sollten Sie besser auflegen und nicht unnötig die Leitung blockieren."
„Das ist ein Notfall, das können Sie mir schon glauben. Aber bekommen Sie meine letzte Bemerkung ja nicht in den falschen Hals. Ja, ich habe für eine Sekunde mit dem Gedanken gespielt, wie es wäre, meine Frau mit einer gezielten Kugel zu erledigen. In meinem Unterbewusstsein musste sich der Gedanke schon länger festgesetzt haben, denn anders kann ich es nicht erklären, warum ich beim Kofferpacken die alte Pistole meines Großvaters und eine Schachtel mit Patronen unter die Hemden geschoben habe. Die Waffe war mir erst beim Packen in den Sinn gekommen. Sie ist ein altes Erbstück. Mein Vater hat sie nach dem

Krieg nicht abgegeben. Hatte mich gewundert, in was für einem einwandfreien Zustand sie noch ist.
Jedenfalls habe ich sie wie selbstverständlich eingesteckt, als Elvira, kurz nachdem wir heute Nachmittag unser karg möbliertes Zimmer bezogen hatten, vorschlug, in den Tierpark am Seeberg zu gehen.
Als wir auf den nahegelegenen Parkplatz unser Auto abstellten, vereitelte das Eintreffen eines Reisebusses aus Schwaben mein Vorhaben. Wenig später, im Tierpark, fragte ich mich, ob die Stachelschweine, an deren Gehege wir vorbei gingen, wie Hausschweine Allesfresser seien. Doch mein fehlendes Wissen zu diesem Punkt, ließ mich die Idee verwerfen, Elvira einen Schlag auf den Kopf zu geben und sie ins Gehege zu den Wildschweinen zu werfen. Auch im Häuschen mit den Terrarien, in denen es von Schlangen, Skorpionen und anderen giftigen Tieren nur so wimmelte, kam mir die Idee, ein paar Scheiben zu zerschlagen und Elvira in dem Häuschen einzusperren. Doch unsere traute Zweisamkeit wurde von den Schwaben gestört.
Als wir den Tierpark verließen, setzte ein leichter Nieselregen ein. Aber der verhinderte leider nicht, dass Elvira ins Restaurant „Zur Alten Sternwarte", auf dem kleinen Seeberg, einkehren wollte.
Sie hatte Appetit auf Kaffee und Kuchen. Mir blieb nichts anderes übrig, als hinter ihr her zu trotten.
Mich erstaunte, wie gut sie sich mit den Örtlichkeiten vertraut gemacht hatte und ich ahnte, dass die Reise nach Gotha nicht nur eine spontane Idee von ihr gewesen war.
Tagelang musste sie bereits Karten und Reiseführer studiert haben, bevor sie mit ihrem Vorschlag zu mir gekommen war.
So wunderte es mich nicht, als sie eine Stunde später, gestärkt von Kaffee und Käsekuchen, eine kleine Wanderung zum nahegelegenen Steinbruch vorschlug. Der Regen hatte zugenommen, doch

Elvira spannte klaglos den Regenschirm auf und zog forschen Schrittes los."

„Herr Onken, ich finde es phantastisch, dass Sie in so kurzer Zeit schon so viel miteinander unternommen haben, doch leider stehlen Sie mir hier die Zeit. Ihre mörderischen Gedanken sind zwar verwerflich, jedoch nicht strafbar. Die Waffe Ihres Vaters können Sie gern bei uns in der Polizeiinspektion abgeben. Wenn sie jedoch so sehr daran hängen, kann ich ausnahmsweise sogar vergessen, dass Sie sie überhaupt erwähnt haben. Aber wenn es weiter nichts gibt, dann lege ich jetzt auf."

„Nein, warten Sie! Ich komme doch schon zum Ende. Immerhin ist es ein Unfall, den ich melden will."

„Herr Onken, dann sagen Sie mir bitte, wo Sie sich gerade befinden und was genau passiert ist."

„Das ist es doch, was ich Ihnen die ganze Zeit erklären möchte. Ich stehe am Südhang vom Steinbruch. Vor dem Anruf stand ich mit Elvira noch hier am Rand. Hätte sie ihren blöden Schirm nicht aufgespannt, dann hätte ihn auch keine Windböe erfassen können. Meine Frau hat versucht, den Schirm festzuhalten und ist dabei ins Straucheln gekommen. Jetzt liegt sie etwa fünfzehn Meter unter mir und regt sich nicht."

„Um Himmels willen, Herr Onken! Haben Sie den Notarzt denn nicht verständigt? Gibt es irgendein Lebenszeichen von Ihrer Frau?"

„Woher soll ich das denn wissen? Moment mal..."

„Herr Onken? Hallo? Warum atmen Sie so eigenartig?"

„Was meinen Sie denn? Kraxeln Sie mal als Norddeutscher einen steilen Abhang hinunter."

„Aber Herr Onken, Sie sollen doch nicht... Herr Onken, was war das für ein Geräusch? Herr Onken...?"

„Ja... Meine Frau ist tot und was passiert jetzt...?"

SEEBERG

Der Seeberg gehört zu den Hausbergen Gothas.
Er liegt südöstlich der Gothaer Innenstadt und nordöstlich des Ortsteils Seebergen. Im Norden liegt der Gothaer Ortsteil Siebleben und der Ort Tüttleben. Südlich des Seebergs befindet sich Günthersleben-Wechmar.
Der Seeberg erreicht am Großen Seeberg eine Höhe von rund 410 Meter, der Kleine Seeberg eine Höhe von rund 354 Meter.
Der Sandstein vom Seeberg, dessen Abbau auch heute noch betrieben wird, diente u.a. auch zum Bau des Gothaer Schlosses „Schloss Friedenstein“ und des „Museums der Natur“.
Die Steinwände am Südhang sind bis zu 15 Meter hoch und das Ergebnis des Sandsteinabbaus.
Der Seeberg ist bewaldet und beherbergt eine Vielzahl von Tieren, wie Heuschrecken, Tagfalter, Wildbienen, Ameisen und Spinnen. Nachgewiesen wurden auch verschiedene Lurcharten. Außerdem bedrohte Tiere, wie Kreuzkröte, Zauneidechse, Seefrosch und Ringelnatter.
Der Seeberg gehört zu den ältesten dicht besiedelten Gebieten Thüringens. Es wurden Bodenfunde aus der Jungsteinzeit, der Bronzezeit und der Germanenzeit gefunden. Es handelt sich um Siedlungsplätze, Flachgräber, Grabhügel bis hin zu Münzfunde.

INSELSBERG

Der Inselsberg ist mit 915,6 Meter der höchste Berg in der nordwestlichen Hälfte des Thüringer Waldes.
Bei klarem Wetter kann man bis zur Wasserkuppe in der Rhön und zum Brocken im Harz sehen.

Besucher können von einem 22 Meter hohen Aussichtsturm ein wundervolle 360° Panoramaaussicht genießen.
An der Außenwand des Turms gibt es eine 17 Meter hohe Kletterwand mit Kletterautomaten.
Die erste Schutzhütte auf dem Berg, der auch „Heunzelberg" oder „Emseberg" genannt wurde, wurde im August 1649 eingeweiht.
Herzog Ernst der Fromme ließ über der Tür ein Schild mit der Aufschrift „Mons insularis" (Inselberg) anbringen.
Auf dem Bergplateau befindet sich der Berggasthof.

❍ BERGGASTHOF

Der Berggasthof bietet u.a. Bratwurst, Kohlrouladen oder Rinderrouladen und Original Thüringer Gerichte an. Der Gasthof besitzt vier verschiedene Gasträume mit insgesamt 240 Plätzen.
Öffnungszeiten:

Montag	Ruhetag
Dienstag bis Sonntag	von 10:00 Uhr - 18:00 Uhr

Weitere Informationen unter:
Berggasthof Stöhr
Großer Inselsberg 1
98599 Brotterode
Tel.: 036840/32425 oder www. berggasthof-stoehr.de

❍ TIERPARK | Töpfleber Weg 2

Der Gothaer Tierpark ist ein zoologischer Garten am Fuße des Kleinen Seebergs.
Er misst eine Größe von rund sechs Hektar, auf denen 140 Tierarten mit insgesamt 680 Tieren beobachtet werden können.
Hauptbewohner des Tierparks sind Tiere aus Südamerika, wie Wasserschweine, Nandus und Große Maras.

Im Tierpark gibt es einen Kinderspielplatz und ein Streichelgehege für die kleinen Gäste.
Außerdem gibt es ein „Café im Tierpark“.
Wer will, kann mit einer Kutsche durch den Zoo fahren.
Nach vorheriger Anmeldung bietet der Tierpark auch Führungen für Erwachsene und Kinder an.
Öffnungszeiten:

Sommerzeitraum	von 9:00 Uhr bis 18:00 Uhr
Winterzeitraum	von 9:00 Uhr bis 16:30 Uhr

(Letzter Einlass ist 45 Minuten vor Schließung)
An jedem ersten Montag im Monat ist Familientag. Alle Tageskarten zum halben Preis. Auch Geburtstagskinder und deren Gesellschaften erhalten den Eintritt zum halben Preis.
Es werden Einzelkarten, Gruppenkarten ab 10 Personen und Jahreskarten angeboten.
Weitere Informationen unter:
Tel.: 03621 / 707731 und www.kuturstadt.de

O RESTAURANT „ALTE STERNWARTE“

Florschützstraße 10

Nach einem Brand wurde an der Stelle der Alten Sternwarte ein neues Gebäude als Gaststätte gebaut.
Nur ein Gedenkstein von Ernst II. und ein Meridianstein weisen auf die einstmals bedeutende Sternwarte hin.
In der alten Seeberger Sternwarte trafen sich 1798 rund 17 europäische Astronomen zum Gedankenaustausch. Dieses Treffen ging als erster europäischer Astronomenkongress in die Geschichte der Astronomie ein.
Öffnungszeiten:

Montag bis Samstag	von 11:30 Uhr bis 22:00 Uhr
Sonntag	von 11:30 Uhr bis 18:00 Uhr

❍ AUGUSTINERKLOSTER - HERBERGE

Jüdenstraße 7

Das Augustinerkloster wurde erstmals 1258 als Wohnsitz von Augustinermönchen urkundlich erwähnt.
Der Kreuzgang, der Kapitelsaal und die Sakristei stammen aus dem 14. Jahrhundert und erinnern an die Blütezeit des Klosters.
Die Herberge des Klosters bietet: 4 Einzelzimmer und 13 Doppelzimmer, zum Teil mit Blick auf den Kreuzgang.
Jedes Zimmer verfügt über ein eigenes Bad mit Dusche und WC.
Auf Telefon, TV und Radio wurde bewusst verzichtet.

❍ KLOSTERCAFÉ

Es befindet sich im ehemaligen Kapitelsaal und bietet Platz für 40 Gäste. Sie können das einmalige Ambiente bei einer Tasse Kaffee, einem Stück Kuchen oder einem leckeren Mittagessen genießen.
Öffnungszeiten:
Montag bis Freitag von 11:00 Uhr bis 17:00 Uhr
Weitere Informationen unter:
Tel.: 03621 / 302901 oder www.augustinerkloster-gotha.de

❍ AUGUSTINERKIRCHE

Die Augustinerkirche, ehemals eine Klosterkirche, ist heute eine evangelische Pfarrkirche. Zu ihren berühmtesten Predigern gehörte der Augustinermönch Martin Luther (um 1521).
In der Kirche befindet sich eine Schmid-Böhm-Orgel, eine Fürstenloge und eine frühbarocke Kanzel.
Außerdem befindet sich in der Kirche der Grabstein des Reformators und Gothaer Superintendenten sowie Gründer des Gothaer Myconius Gymnasiums, Friedrich Myconius.
Weitere Informationen unter:
Tel.: 03621 / 302911

❍ HERZOGLICHES MUSEUM | Parkallee 15

Das Herzogliche Museum wurde zwischen 1864 und 1879 im Stil des Historismus errichtet.

Seit 2013 werden in den Räumen die Gothaer Kunstsammlungen ausgestellt.

Neben ägyptischen Mumien, Skulpturen, Goldschmuck und Kunstschätzen aus China und Japan, erwarten den Besucher auch zahlreiche Gemälde von Malern wie Caspar David Friedrich, Lucas Cranach dem Älteren und Paul Rubens.

Einen Höhepunkt ist das Gemälde vom „Gothaer Liebespaar".

Auch die keramische Sammlung von italienischem Majolika des 16. Jahrhunderts und Meißner Porzellan aus dem 18. Jahrhundert sind eine Augenweide und laden den Besucher zum Verweilen und Staunen ein.

Im Museum steht den Besuchern ein Aufzug zur Verfügung. Der barrierefreie Eingang des Museums befindet sich auf der rechten Seite des Gebäudes.

Öffnungszeiten:

Täglich	von 10:00 Uhr bis 17:00 Uhr

Öffnungszeiten Café:

Dienstag bis Sonntag	von 10:30 Uhr bis 16:30 Uhr
(November bis März	von 11:00 Uhr bis 15:30 Uhr)

❍ MARIA-MAGDALENA -HOSPITAL | Brühl 4

Das Hospital wurde 1233 vermutlich von der Landgräfin Elisabeth von Thüringen gegründet.

Von 1716-1719 wurde das Spital im Barockstil umgebaut.

Von 1946-1973 war das Haus eine Pflegeeinrichtung. Nach Aufgabe dieser Funktion sanierte die Stadt Gotha das Haus als Stadtverwaltung und Vereinshaus.

Zukünftig soll in diesem Gebäude, neben der Diakonie, dem

Frauenzentrum und dem Altstadtverein noch eine familienfreundliche Begegnungsstätte entstehen.
Weitere Informationen unter:
Tourist-Information Gotha
Hauptmarkt 33
99867 Gotha
Tel.: 03621 / 510450

Überraschung

Matthias parkte den Firmenwagen neben der Postfiliale in der Ernst-Thälmann-Straße. Zwischen all den Fahrzeugen von Kunden, die in ihrer Mittagspause schnell ein Paket am Schalter abgeben oder Geld abheben wollten, würde sein Wagen am wenigsten auffallen. Uelleben war ein kleiner Ort mit nur knapp siebenhundert Einwohnern. Man kannte sich hier. Und doch hoffte er, dass er sich mit Sonnenbrille und Kappe gut genug getarnt hatte.
Matthias stieg aus dem Auto. Den kurzen Fußweg bis zu seinem Haus in der „Kleinen Feldstraße“ nahm er gern in Kauf.
Er lief zügig nach Hause, versuchte den Blicken der Passanten auszuweichen. Als Matthias sich von der Gartenseite in sein eigenes Haus schlich, hörte er die Glocke der St.-Johannis Kirche schlagen. Er hatte genau eine Stunde Mittagspause, um seinen Plan vorzubereiten und ohne größere Verspätung zurück in seiner Firma in Gotha-Ost zu sein.
Stille empfing ihn, als er die Terrassentür hinter sich schloss. Nur das gleichmäßige Ticken der Küchenuhr durchbrach die Stille.
Matthias hielt sich nicht lange im Flur auf und schlich hinunter

in den Keller. Er kramte unter der Werkbank herum. In einer alten Kiste hatte er einen Bunsenbrenner, ein Reagenzglas, eine kleine Dose mit weißer Farbe und eine Tüte Mehl bereitgelegt. Das Mehl hatte er am Morgen aus Sonjas Vorratsschränkchen genommen, nachdem sie das Haus verlassen hatte.

Sie hatte sich mit einer Freundin verabredet, um mit ihr zum Bummeln nach Erfurt zu fahren.

Von daher musste er nicht damit rechnen, dass sie gerade jetzt zurückkommen und ihn im Keller überraschen würde.

Als er die Geräte auf seiner Werkbank bereitstellte, grinste er.

Er war nie eine große Leuchte im Chemieunterricht gewesen. Er konnte sich noch daran erinnern, dass er seinen Lehrer damals beim Abi bekniet hatte, er möge ihm die schlechtere Note geben und ihm, Matthias, die mündliche Prüfung damit ersparen.

Doch sein Lehrer war nicht darauf eingegangen.

Die Prüfung dauerte keine zwei Minuten. Er sollte zwei Stoffe miteinander mischen und dazu die Gleichung aufschreiben.

Er mischte die Stoffe und als sie sich lila färbten, verabschiedete er sich mit der Bemerkung, dass er keinen blassen Schimmer von Chemie habe.

Zwanzig Jahre später hatte er sich dank des Internets die Informationen beschaffen können, die er für seinen Vorhaben benötigte.

Matthias stellte den Bunsenbrenner an. Vorsichtig goss er etwas weiße Farbe in ein Reagenzglas und hielt es über die offene Flamme. Nach einer Weile bildete sich auf dem Boden des Reagenzglases eine weiße Substanz, die er mit Essigsäure versetzte.

Er kannte den Namen der Substanz nicht, wusste aber, dass er ein hochgiftiges, süßlich schmeckendes Pülverchen hergestellt hatte. Das Pulver mischte er vorsichtig unter das Mehl in der Tüte und trug es, nachdem er den Keller wieder aufgeräumt

hatte, nach oben. Er stellte die Mehltüte zurück in den Vorratsschrank.
Keine halbe Stunde später verließ er in aller Seelenruhe sein Haus auf demselben Weg, wie er es betreten hatte.

*

Sonja betrat das Haus und stellte ihre Einkaufstüten im Flur ab. Sie sehnte sich nach einem heißen Bad, auch wenn es draußen fünfundzwanzig Grad waren. Sie fühlte sich müde, durchgeschwitzt und ihre Beine taten ihr vom stundenlangen Shoppen weh. Sie hatte das Gefühl, als hätte sie mit ihrer Freundin kein Geschäft in der Erfurter Innenstadt ausgelassen. Zum Glück hatte Kerstin am Morgen mit ihrem Auto vor der Tür gestanden. Sonja öffnete das Küchenfenster, hörte, wie zwei Häuser weiter ihre Freundin die Autotür zuschlug. Sonja wollte ins Bad gehen, als sie bemerkte, dass der Anrufbeantworter blinkte. Sonja hörte die Nachricht ab:
„Hallo Schatz. Na, hattet ihr einen schönen Tag? Ich hoffe, Ihr habt nicht alle Läden ausgeräumt!“
Bei diesen Worten schaute Sonja auf die sieben Einkaufstaschen und war froh, ihn nicht belügen zu müssen. Die Hälfte der Einkäufe würde sie gleich in ihrem Kleiderschrank verstauen.
„Du, ich habe den ganzen Tag Lust auf Mohnkuchen und Eierschecke. Natürlich auch auf dich... Du hast schon lange keinen Kuchen mehr gebacken. Hättest du nicht Lust? Aber nur, wenn du nicht so spät aus Erfurt zurückgekommen bist. Bis heute Abend.“
Sonja holte tief Luft. Angesichts ihrer vielen Einkäufe beschlich sie ein schlechtes Gewissen und sie würde es sich nie verzeihen können, wenn sie jetzt in aller Ruhe in die Badewanne gehen und ihm nicht seinen Wunsch erfüllen würde.

Sonja beschloss schnell unter die Dusche zu springen und dann den Hefeteig für den Kuchen vorzubereiten.
Anschließend ging sie ins Schlafzimmer und verstaute die Hälfte ihrer Einkäufe im Kleiderschrank. Gern hätte sie das Kleid, die neue Bluse und die hautenge Jeans vor dem Spiegel anprobiert, doch dazu blieb ihr keine Zeit.
Sonja schaute auf die Uhr. In gut zwei Stunden würde Matthias von der Arbeit kommen. Sein Lieblingskuchen würde ihn sicher darüber hinwegtrösten, dass sie heute einen Tausender in den Geschäften gelassen hatte.
Sonja wollte sich gerade einen Saft aus dem Kühlschrank nehmen, als das Telefon klingelte.
Sonja erkannte Matthias Stimme. Beklommen erklärte er ihr: „Hallo Schatz, ich bin es! Es tut mir leid, aber ich werde heute ziemlich spät nach Hause kommen. Wir haben gerade noch einen großen Reparaturauftrag herein bekommen. Es ist ein Termingeschäft mit dem wir sofort beginnen müssen."
Matthias schwieg einen Moment. Er fürchtete, dass Sonja sein wild klopfendes Herz hören könnte. Es war das erste Mal, dass er sie anlog.
„Nicht so schlimm!", erklärte Sonja, doch Matthias hörte die Enttäuschung in ihrer Stimme. Er konnte sich gut vorstellen, dass sie darauf brannte, ihm heute Abend ihre neue Garderobe vorzuführen.
„Es hätte heute Abend sowieso nur Brot gegeben. Wenn Du willst, bereite ich dir etwas vor und stelle es in den Kühlschrank", hörte er sie versöhnlich sagen.
„Nicht nötig. Ich werde erschlagen sein, wenn ich nach Hause komme und nach einer Dusche nur noch schlafen wollen."
„Dann bis später", verabschiedete sich Sonja von ihrem Mann und legte auf.

Matthias steckte das Smartphone in die Hosentasche und stellte seinen Wagen am Rittergut ab. Dort gab es eine Stelle, an der man sein Auto nicht entdecken würde, auch wenn sein Ziel damit ziemlich weit entfernt wäre.

Je näher er seinem Ziel kam, desto mehr drängte sich ein Gedanke auf, der ihm in den letzten Wochen immer öfter gekommen war.

Hatte seine Beziehung mit Kerstin überhaupt eine Zukunft? Was tat er da eigentlich? Seine Sehnsucht, aus diesem Ort heraus zu kommen, weg von Sonja, weg aus ihrem alten Elternhaus, das sie nach dem Tod ihrer Eltern unbedingt beziehen wollte.

Eine Geliebte in diesem Ort versprach nicht wirklich eine glänzende Zukunft. Kerstin war viel lebenslustiger als Sonja, hatte sprichwörtlich Hummeln im Hintern, brachte ihn zum Lachen. Einen Wermutstropfen gab es allerdings, auch sie wohnte in ihrem Elternhaus und es sah nicht so aus, als würde sie aus Uelleben weg wollen.

Dennoch, Kerstin hatte ihm wieder Freude ins Leben gebracht. Mit ihr konnte er den Alltag vergessen und vielleicht würde sie sich eines Tages dazu überreden lassen, mit ihm wegzugehen.

*

Sonja war enttäuscht. Wieder einmal musste sie den Abend allein verbringen. Sie hatte sich darauf gefreut, Matthias seinen Lieblingskuchen in ihrem neuen Negligé zu präsentieren.

Sie nahm den fertigen Kuchen aus dem Ofen und stellte ihn auf den Küchentisch. Der Kuchen roch nicht nur verführerisch, er war ihr diesmal wirklich perfekt gelungen. Sonja wollte den Kuchen gerade zum Abkühlen unters offene Küchenfenster stellen, als es an der Haustür klingelte.

Für einen Moment hoffte sie, dass Matthias sich doch früher von der Arbeit hatte frei machen können, allerdings würde er dann nicht klingeln. Neugierig öffnete sie die Tür.
„Hallo Kerstin. Na, schon alle Einkäufe ausgepackt? Komm rein!"
Kerstin trat in den Flur. Sonja schob sie weiter in die Küche.
„Das riecht ja lecker hier!"
„Willst du ein Stück? Ich habe ihn zur Überraschung für Matthias gebacken. Leider kommt er mal wieder später."
„Da wird er aber sicher enttäuscht sein, wenn er erfährt, dass ihm warmer Mohnkuchen entgangen ist.", entgegnete Kerstin grinsend.
Sonja holte zwei Teller aus dem Schrank.
„Ich brühe uns frischen Kaffee dazu auf."
Kerstin wehrte mit erhobenen Händen ab und fasste sich an den Bauch.
„Ich glaube, nach dem was wir heute gegessen haben, ist mein Bauch immer noch kurz vorm Platzen."
Sonja grinste, dachte an das riesige Schnitzel, die Pommes und den Schwarzwälder Eisbecher, die sie heute verputzt hatten.
„Du hast recht!", entgegnete Sonja und stellte die Teller zurück in den Schrank.
„Ich habe auch gar nicht viel Zeit. Wollte fragen, ob du eine Idee hast, was ich für meinen Besuch heute Abend kochen könnte."
„Du willst heute noch kochen?"
„Von wollen kann nicht die Rede sein, aber ein alter Schulfreund hat sich angekündigt. Er kommt direkt von der Nordsee runter und will heute Abend dann auch schon weiter Richtung Dresden. Er sagt, er will die alte Heimat mal wieder abklappern."
Sonja nickte.
„Bestelle doch was bei Dionysos, die haben doch bestimmt auch

einen Lieferservice. Oder, ganz einfach: Hier, nimm!"
Sonja nahm den Mohnkuchen und reichte ihn Kerstin.
„Ich denke, der wird für deinen Gast sicher reichen. Echter Thüringer Mohnkuchen, das ist Heimat."
„Den ganzen Kuchen?"
„Klar. Matthias weiß ja nichts davon."
„Danke! Du bist ein Schatz und meine Rettung."
Sonja brachte ihre erleichterte Freundin zur Tür.
„Dann wünsche ich euch einen schönen Abend."

*

„Hallo Maus! Das war ein anstrengender Tag, kann ich dir sagen. Puh!" Matthias ließ sich im Wohnzimmer aufs Sofa fallen. Kerstin gab ihm einen Kuss, grinste ihn verschmitzt an und flüsterte ihm ins Ohr: „Für meinen hart arbeitenden Liebling habe ich etwas ganz Leckeres."
„Das ist lieb von dir, aber ich habe keinen Hunger."
Kerstin nahm seine Hände, zog ihm vom Sofa hoch und führte ihn zum Wohnzimmertisch. Sanft drückte sie ihn auf den Stuhl.
„Dazu wirst du nicht Nein sagen können!", flüsterte sie und verband ihm mit einem Seidenschal die Augen.
„Aber was…!"
„Pssst. Lass dich überraschen! Öffne den Mund. Keine Angst, es ist nicht heiß."
Matthias zögerte einen Moment, dann öffnete er den Mund. Der Duft, der ihm in die Nase stieg, kam ihm irgendwie vertraut vor. Dennoch erriet er nicht, was Kerstin für ihn zubereitet hatte. Allerdings wusste er, dass sie nicht zu den besten Köchinnen gehörte. Dafür genoss er ihre anderen Vorzüge.
Er spürte, wie sie ihm etwas lauwarmes in den Mund schob.

Vorsichtig begann er zu kauen. Der Geschmack kam ihm vertraut vor. Er spürte etwas körniges und als er den Bissen hinunterschluckte, kam ihm plötzlich ein entsetzlicher Verdacht. Erschrocken riss er sich den Seidenschal von den Augen und starrte auf den Mohnkuchen vor sich.

„Hast du den Kuchen selbst gemacht? Ich wusste nicht, dass du backen kannst."

Er spürte, wie sich Schweiß auf seiner Stirn bildete.

„Den habe ich auch nicht selbst gebacken. Sonja hat ihn für dich gebacken. Sie wollte dich heute Abend damit überraschen, doch da du nicht da warst, hat sie ihn mir mitgegeben, als ich ihr erzählte, dass ich einen alten Schulfreund erwarte.

Ist doch lieb von ihr." Kerstin verging ihr Lächeln, als sie Matthias weit aufgerissene Augen sah.

„Was ist denn los? Was hast du denn auf einmal?"

„Um Gottes Willen!", schrie Matthias außer sich. Er versuchte vom Stuhl aufzustehen, doch es gelang ihm nicht. Schwindel setzte ein, sein Körper schien ihm nicht mehr zu gehorchen. Plötzlich wurde er von entsetzlichen Magenkrämpfen gequält.

„Was ist denn? Sag was!" Kerstin schaute ihn ängstlich an.

Matthias rang nach Atem, und röchelte:

„Das Gift, im Mehl. Sie sollte den Kuchen als Erste probieren..."

Kerstin beugte sich zu ihm.

„Was? Ich verstehe nicht."

Ein letztes Mal krümmte Matthias sich vor Schmerzen und schaute in Kerstins schreckgeweitete Augen, dann sank er leblos vom Stuhl.

UELLEBEN

Die erste urkundliche Erwähnung von Uelleben fand 874 statt.
Im 13. Jahrhundert gelangte der Ort in den Besitz des Klosters Georgenthal.
In Uelleben befand sich bis ins 16. Jahrhundert hinein, neben dem Rittergut, auch ein klostereigener Wirtschaftshof.
Ab 1830 wurde Uelleben dem Amt Gotha unterstellt und gehört seit 1994 zu Gotha und liegt etwa vier Kilometer vom Zentrum entfernt.

RITTERGUT

Zum ersten Mal wurde das Rittergut 1592 in einer Chronik erwähnt. Vom Erbauer und dem genauen Datum der Errichtung des Rittergutes fehlt bis heute jede historische Spur.

ST. JOHANNIS -KIRCHE

Im Herzen von Uelleben steht die alte Dorfkirche St. Johannis, die um 1640 aus Seeberger Sandstein errichtet wurde.

Du fehlst mir!

Rita steht an der Spüle, taucht die Hände ins heiße Wasser und beginnt das Geschirr abzuwaschen. Hinter ihr auf dem Herd beginnen die Kartoffeln im Topf zu kochen. Das fertige Mischgemüse hat sie zur Seite geschoben, den Braten hält sie im Ofen warm. Ein paar Minuten bleiben ihr noch, um den Tisch für sich und ihren Mann Uwe zu decken.

Mit einem Mal fühlt sie sich ganz elend. Ein stechendes Ziehen macht sich in der Brust breit. Plötzlich wird ihr wieder schmerzlich bewusst, dass sie ganz allein im Haus ist, dass es nie mehr so sein wird, wie in den letzten Jahren mit ihrem Mann. Keine Zweisamkeit mehr, Uwe war von ihr gegangen.
Einen Moment noch verharrt sie über die Spüle gebeugt und wartet bis das Ziehen nachlässt, dann trocknet sie sich die Hände ab und stellt den Herd aus. Sie hat keinen Appetit mehr.
Sie geht ins Schlafzimmer, öffnet das Fenster und schaut hinaus auf die Kindermannstraße. Es ist still auf der Straße, nur ab und an hört sie aus einem der nahegelegenen Kleingärten Kindergeschrei.
Rita holt tief Luft, wendet sich vom Fenster ab und beginnt sämtliche Schubläden und den riesigen Kleiderschrank zu öffnen.
Sie betrachtet Uwes Hemden, seine Anzüge, die zusammengelegten Strümpfe und die Unterwäsche, bei der er stets einen extravaganten Geschmack hatte.
Rita muss lächeln. Sie legt sich auf das gemeinsame Bett und drückt Uwes Kissen an ihr Gesicht, in der Hoffnung, noch einen Hauch seines Duftes wahrnehmen zu können. Für einen kurzen Augenblick glaubte sie, ihn riechen zu können, doch es löst nichts mehr in ihr aus.
Noch vor zwei Jahren hatte sie sich in den frühen Morgenstunden an ihn geschmiegt, seine warme, vom Schweiß glänzende Haut zärtlich gestreichelt und war mit dem Fingern durch sein strubbeliges Haar gestrichen. Überschäumend vor Zuneigung überschüttete sie sein, vom Schlaf zerknittertes, Gesicht mit nicht enden wollenden Küssen, bis er ein wohliges Knurren von sich gab.
Mit geschlossenen Augen und einem Lächeln auf den Lippen begrüßte er sie mit:

„Guten Morgen. Prinzessin.“
Er drehte sich zu ihr und schloss sie ganz fest in seine Arme. Versunken im Augenblick kam es ihr vor, als gäbe es nichts weiter als nur sie beide auf der ganzen Welt. Kein Alltagsstress. Keine Sorgen wegen der Arbeit oder wegen des Geldes. Nichts, was ihre Zweisamkeit in Gefahr bringen könne.
Rita legt das Kissen zur Seite, trocknet mit ihrem Blusenärmel das tränennasse Gesicht und steht auf, in der Hoffnung, so den Erinnerungen zu entkommen. Sie sollte nach vorne schauen und ihr neues Leben in Angriff nehmen, ermahnt sie sich selbst.
Zehn Minuten später hat sie Uwes Sachen ordentlich in zwei Koffern verstaut und unters Bett geschoben. In den nächsten Tagen würde sie sich um die Entsorgung kümmern.
Rita betrachtet die leeren Schubkästen und die leere Seite im Kleiderschrank. Sie holt tief Luft und macht weiter, da sie weiß, dass sie den Rest von Uwes Sachen so schnell nicht mehr in die Hand nehmen würde, wenn sie jetzt aufhörte.
Sie geht weiter in sein Arbeitszimmer, schaut auf das Durcheinander auf seinem Schreibtisch und fragt sich, wer all die vielen Bücher in dem Bücherregal, das sich über die gesamte Längsseite des Zimmers erstreckt, haben wollen würde.
Rita holt den Reißwolf unterm Schreibtisch hervor und ohne sich den Ordner mit seinen Arbeitsunterlagen, die für ihn als Versicherungsvertreter unerlässlich waren, genauer anzuschauen, beginnt sie mit deren Vernichtung.
Blatt für Blatt steckt sie in den Aktenvernichter und produziert einen Berg von schmalen Papierstreifen.
Ein Foto fällt ihr in die Hände. Rita hält inne. Sie sieht einen alten Kirschbaum am Straßenrand und plötzlich steigen Bilder aus der Vergangenheit in ihr hoch. Erinnerungen an jenen Sommer, als sie 17 Jahre alt geworden war und sich wie jeden Sonntag mit

dem Rad auf den Weg von Gotha nach Boilstedt zu ihrer Großmutter machte. Auf halber Strecke verlor ihr Hinterrad die Luft. Sie war abgestiegen und gerade als sie den Platten betrachtete und beschloss, den letzten Kilometer zu schieben, kam ihr Uwe auf der Landstraße entgegen.
Er bot an, das Rad zu reparieren und Rita nahm sein Angebot an. Er wusste schon damals seinen Charme Frauen gegenüber gekonnt einzusetzen. Rita war zwar nicht naiv, doch es gefiel ihr, als er behauptete, dass es kein Zufall gewesen sei, dass sie sich an diesem Tag, genau an dieser Stelle begegnet seien.
Rita sagte nichts darauf. Als er allerdings ein Treffen am nächsten Tag an genau diesem, wie er meinte, schicksalhaften Ort vorschlug, willigte sie ein.
In den darauffolgenden Wochen trafen sie sich fast täglich am alten Kirschbaum und beiden war schnell klar, dass sie mehr, als nur freundschaftliche Gefühle füreinander empfanden.
Uwe hatte unter ihre Initialen ein „Für immer“ in die Baumrinde geschnitzt.
Rita schüttelt den Kopf. Sie ist sich sicher, dass der Baum, nach fast dreißig Jahren, längst nicht mehr am Straßenrand stehen würde. Er war sicher gefällt worden und nichts mehr übrig von ihm.
So, wie Uwes Versprechen, das er ihr ein Jahr später in der Margarethenkirche in Gotha gegeben hatte.
Als sie beide vor dem Altar standen, waren seine Worte so klar, so überzeugend gewesen, als wolle er sein Versprechen in Stein meißeln.
Seine Augen strahlten sie an und es lag so viel Liebe in seinem Blick. Sie war überzeugt, dass es ein Bund für die Ewigkeit war. Damals ahnten beide nicht, was das Leben mit sich bringen würde.

Rita steckt das Foto schließlich in den Aktenvernichter und beginnt den geschredderten Papierhaufen in einen Müllsack zu stopfen, den sie später zum Papiercontainer bringen würde.
Sie kommt dem Ende der Entsorgung von Uwes Sachen immer näher. Ein paar seiner Habseligkeiten wird sie später noch wegräumen. Dinge, die sie ein letztes Mal schmerzen werden.
Mit der Zeit wird der Schmerz nachlassen, die Erinnerungen werden verblassen. Vielleicht heilt die Zeit ja wirklich ihre Wunden.
Rita verlässt das Arbeitszimmer und steuert auf das Badezimmer zu. An der Flurgarderobe bleibt sie kurz stehen, greift in Uwes Mantel und entnimmt ihm einen Zettel.
Sie muss diesen nicht auseinanderfalten, um zu sehen, was darauf steht. Der Inhalt hat sich in ihr Hirn gebrannt. Wieder und wieder hatte sie ihn gelesen, bevor sie ihn gestern Abend zurück in seinen Mantel gesteckt hatte. Geahnt hatte sie es viel früher.
Katja betritt das Badezimmer und kniet sich neben die Badewanne.
„Hallo Schatz! Kommst du, um mir den Rücken zu schrubben?“, fragt Uwe sie mit einem zweideutigen Unterton. Er schaut sie jetzt direkt an. Ein Lächeln huscht über sein Gesicht. Es wirkt aufgesetzt, da ist sich Rita sicher.
Sie beugt sich zu ihm und gibt ihm einen leidenschaftlichen Kuss. Sie will seine sanften Lippen spüren, ihm durch das strubbelige Haar fahren. Ihrer beider Herzen scheinen in diesem Augenblick so nah.
Katja hält Uwe die Rechnung für ein Doppelzimmer im „Landhaus & Burg Hotel Romantik“ vor die Nase.
Die entwerteten Karten vom Andrea Berg Konzert im Kulturhaus oder der Stadthalle, sie erinnere sich nicht mehr genau, hatte sie wütend zerrissen. Sie hatte mit ihm zum Konzert gehen

wollen, doch Uwe behauptete, keine Karten mehr bekommen zu haben.
„Was soll das? Es ist nicht so wie du denkst! Lass es mich dir erklären!"
Rita holte tief Luft.
„Du hättest es mir sagen müssen."
„Aber das wollte ich doch. Es ist nichts Ernstes, das musst du mir glauben."
Rita griff hinter sich und nahm den elektrischen Rasierapparat aus dem Regal.
„Wir hatten uns mal etwas geschworen, erinnerst du dich?", sagte sie, steckte den Stecker in die Steckdose und schaltete den Apparat ein.
„Was soll das? Was hast du..."
Wasser spritzte über den Badewannenrand.
„Ich werde dich vermissen. Falsch! Ich vermisse dich, seit ich dir auf die Schliche gekommen bin."

Freizeittipps

- **LANDHAUS & BURG HOTEL ROMANTIK**
  Salzgitterstraße 76 | 99867 Gotha (Ortsteil Siebleben)

Landhaus Romantik
Das Landhaus bietet Suiten, Doppelzimmer und Einzelzimmer, die liebevoll im Landhausstil eingerichtet wurden.
Alle Zimmer sind mit Dusche, WC, Telefon, Radio, Flachbild-TV und Haartrockner ausgestattet.
(Preise von 74 € - 154 € inkl. Frühstück)

Restaurant
Das Restaurant bietet seinen Gästen ein gemütliches Kaminzimmer, sowie eine Bar und im Sommer einen Biergarten.
Öffnungszeiten:

Montag bis Samstag	ab 18:30 Uhr
Sonntag	Ruhetag
Frühstück	
Montag bis Freitag	von 7:00 Uhr bis 10:00 Uhr
Samstag, Sonntag und an Feiertagen	
	von 8:00 Uhr bis 10:00 Uhr

Burg Romantik
Sie steht auf einem 5000 Quadratmeter großen Grundstück, in unmittelbarer Nähe des Landhaus Romantik.
Die Burg bietet großzügige Zimmer mit opulenten Möbeln im barocken Stil und lässt keine Wünsche für eine Erholung von Gästen mit gehobenen Ansprüchen offen. Für Gäste stehen unterschiedliche Burgzimmer zur Verfügung. (Preise von 99 € - 245 €)
Außerdem gibt es einen Saunabereich im 2.OG.
Es gibt eine Balkonterasse und eine direkte Verbindung zur Dachterrasse mit Liegebereich.
Von der Dachterrasse aus hat man einen traumhaften Blick auf das Naturschutzgebiet Seeberg, sowie einen Blick über Gotha.

O MARGARETHENKIRCHE | Neumarkt 13
Die Margarethenkirche wurde erstmals 1064 urkundlich erwähnt. Ab 1494 wurde die romanische Basilika abgerissen und auf ihr eine spätgotische Hallenkirche errichtet.
In den Jahren verfiel die Kirche durch Hungersnöte und Stadtbrände und erst der Gothaer Herzog Ernst der Fromme kümmerte sich um den Wiederaufbau der Kirche.

Der Herzog wurde 1675 auch als erstes Mitglied des Hauses Sachsen-Gotha-Altenburg im Gewölbe unter dem Altarraum beigesetzt. Heute finden in der Kirche Gottesdienste (in lutherischer Tradition) und verschiedene Konzerte statt.

Turm Café

Zum Gothardusfest und am Tag des offenen Denkmals ist das Turmcafé geöffnet. Besucher werden mit einem Blick auf Gotha, das Thüringer Land bis hin zum Inselberg belohnt.

Weltladen

Im Turm der Margarethenkirche gibt es einen Weltladen mit Produkten aus fairem Handel, regionalen Produkten und Kunsthandwerk aus den Werkstätten Bodelschwingh-Hofes in Mechterstädt.

Öffnungszeiten:

Donnerstag	von 10:00 Uhr bis 19:00 Uhr
Freitag	von 10:00 Uhr bis 17:00 Uhr

O STADTHALLE | Goldbacher Straße 35

Tel.: 03621 / 743730

Die Stadthalle dient als Gründungsstätte des Deutschen Schützenbundes 1861 und wurde im Jahre 1825 als Schießhaus erbaut. Sie gehört zu den ältesten Konzert- und Festhallen Deutschlands.

Heute finden hier Konzerte, Tanzveranstaltungen, Messen, Tagungen, Feiern und Vereinstreffen statt.

Weitere Informationen unter:

Altschützengesellschaft Gotha e.V.

Goldbacher Straße 33

99867 Gotha

Tel.: 03621 / 706275 und www.stadthalle-gotha.de

O KULTURHAUS | Eckhofplatz 3

Es wurde ursprünglich als Kino gebaut und 1940 mit dem Operettenfilm „Rosen aus Tirol“ 1940 eröffnet. Nach dem Umbau 1973 wurde es zum Kreiskulturhaus mit neuem Bühnenhaus und Theater Café.

Das Kulturhaus bietet 795 Gästen Platz und besitzt noch das Flair der 1970er Jahre. Im Kulturhaus finden Lesungen, Konzerte, Musicals und viele kulturelle Veranstaltungen statt.

Außerdem befindet sich neben dem Kulturhaus ein Theatercafé

Öffnungszeiten:

Montag bis Freitag von 11:00 Uhr bis 14:00 Uhr

(öffentliche Kantine mit Selbstbedienung)

Weitere Informationen unter:

Tel.: 03621 / 852582 oder www.kulturhaus-gotha.de

Späte Rache

Der Mann parkte seinen roten VW Golf am Rand der Bohnstedtstraße, stieg aus und schaute sich unschlüssig um. Er hielt eine Einladungskarte in den Händen, die er fixierte, als wolle er sich vergewissern, dass die Angaben auf ihr seine Richtigkeit hatten.

Zögernd ging er auf das alte Stadt-Bad zu und betrachtete das marode Gebäude, als würde er es zum ersten Mal sehen. Das Backsteingebäude bot einen traurigen Anblick. Die Fenster waren mit Brettern vernagelt, der Absperrzaun an einigen Stellen umgerissen und die Fassade war mit Graffitis besprüht.

Er holte tief Luft und schüttelte kaum merklich den Kopf. Lang war es her. Er vermochte kaum zu sagen, wie lange.

Mit der Einladung zum Klassentreffen, die er als Schwimmlehrer der ehemaligen Friedrich-Engels-Schule erhalten hatte, hatte sich ein ehemaliger Schüler sicher einen Scherz erlaubt.
Er schaute sich noch einmal um und gestand sich ein, dass er einem Irrtum erlegen war und wollte gerade zum Auto zurückgehen, als ein junger Mann aus einem der Hauseingänge eines Wohnblocks hervortrat und mit großen Schritten auf ihn zu kam.
„Herr Weiß, schön, dass Sie kommen konnten!“, begrüßte der junge Mann seinen ehemaligen Lehrer und wies mit der Hand auf das Schwimmbad.
„Das Stadt-Bad ist in einem erbärmlichen Zustand, nicht wahr?“
Herr Weiß nickte.
„Soviel ich gehört habe, soll es saniert werden. Man will auch noch einen neuen Komplex daran bauen.“
Der junge Mann nickte.
„Ja, habe ich auch gehört. Aber ich denke bis dahin wird noch viel Zeit ins Land gehen.“
Er betrat die Stufen zum Stadt-Bad und winkte seinen Lehrer zu sich.
„Kommen Sie. Es ist alles vorbereitet.“, meinte der junge Mann in einladendem Ton.
Herr Weiß zögerte.
„Mit wem habe ich denn das Vergnügen?“
Der junge Mann schlug sich die Hand vor die Stirn und lächelte kopfschüttelnd.
„Entschuldigen Sie, wie unhöflich von mir. Bei der Vielzahl von Schülern, die Sie im Laufe Ihres langen Berufslebens unterrichtet haben, können Sie sich natürlich nicht an jeden einzelnen Namen erinnern. Mein Name ist Karl Tapken.“, stellte er sich vor und begann die alte Eingangstür unter kräftigem Druck aufzu-

drücken. Das riesige Vorhängeschloss hatte er in der letzten Nacht geknackt.
„Kommen Sie!“, rief er seinem Lehrer zu, der ihm zögernd folgte.
Ihn beschlich ein ungutes Gefühl.
Karl Tapken sah ihn lächelnd an. Herr Weiß war alt geworden. Er musste kurz vor der 70 sein. Früher fiel er durch seine stattliche Erscheinung sofort auf. Groß gewachsen, ein breites, V-förmiges Kreuz und immer braungebrannt. Das war lange her, beinahe 30 Jahre. Nun stand ein in sich zusammenfallender, alter Mann mit krummen Rücken vor ihm.
„Wie haben Sie die Genehmigung bekommen, hier ein Klassentreffen zu veranstalten?“, fragte Herr Weiß.
Karl Tapken lachte laut auf.
„Das war kein Problem. Im Augenblick kümmert sich ja noch kein Bauunternehmen um den alten Kasten.“
Herr Weiß folgte Karl ins Innere des Gebäudes. Alle paar Schritte schaute er sich um, betrachtete den jämmerlichen Zustand der Böden und Wände und fragte sich, wie man ein einst schönes Jugendstilbad derart verfallen lassen konnte.
Wenig später standen sie vor dem heute leeren Schwimmbecken. Die türkisfarbenen Fliesen, mit denen das Schwimmbecken ausgekleidet war, hatten ihren Glanz längst verloren. Durch die Fenster über der Galerie drang gedämpftes Tageslicht herein.
Die Luft war erfüllt vom Geruch nach modrigem Putz und nassem Staub. Karl Tapken nahm dies jedoch nicht wahr. Er roch Chlor, hörte das Klatschen von ins Wasser springenden Körpern und lautes Kindergeschrei. Fast spürte er die feuchte Luft auf seiner Haut, als die Stimme seines Schwimmlehrers ihn aus seinen Erinnerungen riss: „Wo sind denn die Anderen?“
„Haben Sie ein wenig Geduld. Ich dachte, wir könnten gemein-

same Erinnerungen auffrischen und in der vergangenen Glanzzeit Ihres Berufslebens schwelgen."
Herr Weiß schaute ihn verständnislos an und fragte sich, was dies alles zu bedeuten hatte.
„Wie war noch einmal Ihr Name?"
Karl Tapken ließ ihn noch einen Moment zappeln, genoss sichtlich die Unsicherheit seines Gegenübers, bevor er ihm antwortete:
„Oh, Sie werden sich doch an mich erinnern. Es ist unmöglich, dass Sie meinen Namen vergessen haben. An einen Schüler, wie mich, müssen Sie sich erinnern."
Herr Weiß schüttelte den Kopf und schaute Richtung Ausgang.
„Was soll dieser Unsinn? Ich denke, wir sollten wieder nach Draußen gehen. Hier drinnen ist die Luft so stickig."
„Aber, aber! Sie wollen sich doch nicht etwa drücken. Denken Sie nach. Strengen sie sich etwas an."
„Was reden Sie da?"
Karl Tapken machte eine ausladende Geste, sog geräuschvoll die Luft ein.
„Riechen Sie es? Der Geruch nach gechlortem Wasser? Schauen Sie zum Beckenrand, sehen Sie nicht, wie Sie dort erhaben und in Badeschlappen entlang schreiten? Fühlen Sie nicht die glatte Holzstange, die Sie immer in Ihren Händen hielten? Nun machen Sie schon, geben Sie sich etwas Mühe und aktivieren Sie Ihre kleinen grauen Zellen."
„Sie sind doch nicht ganz bei Trost. Das höre ich mir nicht länger an."
Karl Tapken bemerkte, wie sich sein ehemaliger Lehrer den Schweiß von der Stirn wischte. In Herrn Weiß' Kopf schien es zu rattern. Karl Tapken wollte ihm auf die Sprünge helfen und tänzelte vor ihm herum.

„Oh, bitte, ich will nicht ins Wasser“, mimte er einen ängstlichen Jungen.
„Na, macht es bei Ihnen endlich Klick im Kopf?“
Sein Lehrer schaute ihn mit großen Augen an. Erkenntnis flackerte in ihm auf.
„Aber natürlich! Du bist der....“
„...der kleine fette Angsthase“, beendete Karl Tapken den Satz und fügte aufmunternd hinzu:
„Na sehen Sie, Ihr Gehirn ist doch noch nicht vertrocknet.“
„Was wollen Sie von mir?“
Karl Tapken grinste breit.
„Tja, Sie hätten sicher nicht gedacht, dass wir uns noch einmal über den Weg laufen. Man sieht sich immer zweimal im Leben. Und nun stehe ich vor Ihnen, der Waschlappen, das Muttersöhnchen, aus dem Sie einen anständigen, richtigen Kerl machen wollten.
Der Junge, der mit seinen Kumpels im Sommer nie ins Südbad gegangen war, der nie schwimmen gelernt hatte, obwohl Sie sich Ihrer Meinung nach, so viel Mühe gegeben hatten.“
Karl Tapken erinnerte sich noch gut an jede einzelne Schwimmstunden während seiner Schulzeit.
Während sich seine Mitschüler auf die Schwimmstunde freuten, sich nicht schnell genug umziehen konnten, um endlich ins Wasser springen zu können, war ihm vom Chlorgeruch und vor Angst ganz schlecht.
Die Vorstellung, ins tiefe Wasser springen zu müssen hatte ihn am ganzen Körper zittern lassen. Nicht nur einmal hatte er versucht, sich vor der Schwimmstunde zu drücken und sich in der Umkleidekabine versteckt.
Doch Herr Weiß war ihm schnell auf die Schliche gekommen. Einmal hatte er es sogar fertig gebracht, in Karls Umkleideka-

bine zu klettern, um die Verriegelung von innen zu öffnen und ihn aus der Kabine zu zerren. Karl hatte seine ganze Kraft darauf verwendet, sich Herrn Weiß zu widersetzen. Am Ende hatte alles nichts genutzt und er musste sich den Anweisungen des Lehrers fügen.
Karl Tapken konnte sich nicht mehr erinnern, wie sein Schwimmlehrer es geschafft hatte, ihn an den Beckenrand zu bekommen. Er sah sich vor Angst erstarrt auf dem Startblock stehen, wie er mit tränennassen Augen ins tiefe Wasser unter sich starrte.
Sein Lehrer hatte am linken Beckenrand gestanden und ihm dicht über dem Wasser einen langen runden Holzstab hingehalten.
„Nun spring schon! Wenn du wieder auftauchst, kannst du dich an dem Stab festhalten!“, hatte er lockend versprochen.
Er zögerte ins Wasser zu springen. Ihm war, als hätte sein letztes Stündlein geschlagen. Er war sich sicher gewesen, nie mehr aufzutauchen und in diesem Becken jämmerlich ertrinken zu müssen. Natürlich war er nicht ertrunken, doch als er nach dem Sprung unter Todesangst wieder aufgetaucht war, war von dem rettenden Holzstab weit und breit nichts zu sehen. Der Stab lag zu Füßen seines Lehrers, der ihm ohne irgendeine Regung zu sah, wie er einem paddelnden Hund gleich versuchte, die rettende Leiter am Beckenrand zu erreichen. Die kaum zwei Meter stellten für ihn eine schier unüberwindbare Distanz dar. Immer wieder tauchte er unter, schluckte Wasser und die tränenblinden Augen brannten. Er versuchte japsend seinen Lehrer dazu zu bewegen, ihm den rettenden Stab hinzuhalten. Doch der lief neben ihm am Beckenrand entlang und rief ihm zu:
„Gleich hast du es geschafft. Sei ein ganzer Kerl! Nur kleine Kinder benötigen Hilfe.“.
Als er allerdings vor Erschöpfung das Paddeln mit den Händen und Füßen einstellte, kam ihm der Lehrer zur Hilfe.

„Du wirst es wohl nie lernen!“ In seinen Worten schwang, statt Sorge, Enttäuschung und ein stiller Vorwurf mit. So erging es ihm jeden Dienstag. Woche um Woche. Und er musste sich nicht nur einmal anhören, dass er dumm sei. Karl Tapken schaute seinen Lehrer an, die Bilder der Erinnerungen waren nie verblasst.
„Hast du mich hierher gelockt, um mir mein Handeln von damals vorzuwerfen? Du warst nicht der einzige hoffnungslose Fall. Du glaubst ja nicht, wie ermüdend es war, Woche um Woche kleinen Hosenscheißern das Schwimmen beibringen zu müssen. Das war mein Los als Bademeister, nachdem ich zu alt im Schwimmkader geworden war.“
Herr Weiß setzte sich in Richtung Ausgang in Bewegung, doch Karl stellte sich ihm in den Weg.
„Ich glaube, das ist keine gute Idee.“
Er griff hinter die im Stil der 1960er Jahre gefliesten Säule und holte einen langen Holzstab hervor.
„Rollentausch“, erklärte Karl Tapken.
Herr Weiß verstand erst nicht, doch dann wurde ihm mit Schrecken bewusst, was hier vor sich ging.
„Sei kein Narr. Lass den Unsinn. Vergangen ist vergangen. Wühl nicht in alten Geschichten herum.“
„So, so! Vergangen ist also vergangen?“
Bevor er etwas entgegnen konnte, schubste Karl Tapken ihn zum Beckenrand.
„Stellen Sie sich auf den Startblock!“, herrschte Karl ihn an.
Herr Weiß blieb regungslos stehen und schaute ungläubig hinunter ins leere Schwimmbecken.
„Was soll das Theater? Was hast du vor? Bist du jetzt vollkommen übergeschnappt?“
„Ich denke nicht!“, erklärte Karl Tapken und hinderte seinen Lehrer daran, sich vom Beckenrand zu entfernen.

„Ich gebe gern zu, dass ich in der Vergangenheit vielleicht einige Fehler in der Vorgehensweise gemacht habe, um meinen Schülern das Schwimmen beizubringen Aber ich bin nicht so alt geworden, um mich von einem verrückt gewordenen ehemaligen Schüler vorführen zu lassen“, schimpfte nun Herr Weiß, der die Nase von diesem Theater voll hatte und nach Hause wollte.
Plötzlich sah Herr Weiß etwas Metallisches aufblitzen und schaute in die Mündung einer Pistole. Das war bestimmt keine Spielzeugpistole, durchfuhr es ihn, wie vom Blitz getroffen.
Karl Tapken zielte mit der Waffe in Richtung Decke und gab einen Schuss ab.
Feiner Putz rieselte von der Gewölbedecke ins leere Schwimmbecken.
„Ich wiederhole mich ungern. Auf den Startblock!“
„Das ist der reine Wahnsinn!“
„So kann man es auch nennen. Ich habe es damals eher als entwürdigend empfunden, wie Sie mich behandelt haben. Sie hatten mir keine Wahl gelassen, mich gedemütigt und angelogen, als Sie mir den Stab nicht zur Hilfe hinhielten.“
„Das ist doch alles schon so lange her! Gib doch endlich Ruhe, schließ mit der Vergangenheit ab.“, versuchte Herr Weiß die Situation zu entschärfen.
„Es wird Zeit, dass wir alles noch ein letztes Mal Revue passieren lassen, damit ich mich mit der Vergangenheit aussöhnen kann.“
Karl grinste und drängte seinen Lehrer mit vorgehaltener Waffe auf den Startblock.
Dann ging er zum rechten Beckenrand, zielte mit der Pistole weiter auf seinen Lehrer und mit der anderen Hand hielt er ihm den Holzstab hin.
„Ich will, dass du dem Stab entgegen springen. An mir wird es liegen, ob ich ihn wegziehe oder nicht.“

Sein Lehrer schaute abwechselnd in die Mündung der Pistole und in das leere Schwimmbecken.
„Du hast nicht viele Möglichkeiten. Weigerst du dich zu springen, puste ich dir eine Kugel ins Hirn. Springst du, kommst du vielleicht mit ein paar Knochenbrüchen davon."
Die Gesichtszüge seines ehemaligen Lehrers spiegelten plötzlich Gleichgültigkeit wieder. Seine Augen waren matt und glanzlos.
Er holte tief Luft.
Ohne eine weitere Aufforderung abzuwarten, drückte er seinen krummen Rücken durch, beugte den Oberkörper nach vorn, bis seine Fingerspitzen fast die Schuhspitzen berührten. Er visierte den langen Holzstab an, den sein ehemaliger Schüler über das leere Becken hielt und stieß sich zum perfekten Sprung geräuschlos vom Startblock ab.

Freizeittipps

○ **STADT-BAD** | Bohnstedtstraße 6

Das Stadt-Bad wurde zwischen 1907-1909 im späten Jugendstil erbaut. Nach Renovierungs- und Umbauarbeiten, bietet es heute ein Sportschwimmbecken (sechs 25m Bahnen), ein Planschbecken mit Kinderrutsche, eine Springturmkonstruktion, ein Jugendstilbecken und vieles mehr.
Für das leibliche Wohl sorgt ein Badbistro (40 Sitzplätze) und eine Saunabar (10 Sitzplätze).
Öffnungszeiten:

Montag	von 15:00 Uhr bis 22:00 Uhr
Dienstag-Samstag	von 10:00 Uhr bis 22:00 Uhr
Sonntag und Feiertag	von 10:00 Uhr bis 22:00 Uhr

Frühschwimmen:

Dienstag und Donnerstag	von 6:00 Uhr bis 7:30 Uhr

Weitere Informationen unter:
Tel.: 03621/22953-0 oder www.stadt-bad-gotha.de

FREIBAD - SÜDBAD | Riedweg

Das Südbad verfügt über ein Nichtschwimmerbecken und ein Schwimmerbecken umgeben von einer Liegewiese die ausreichend Platz zum Verweilen bietet. Das Südbad beginnt die jährliche Saison mit einem „Freibadfest" und beendet sie mit einem „Hundebadetag".

Öffnungszeiten:

Montag:	geschlossen
Dienstag-Sonntag	von 12:00 Uhr bis 18:00 Uhr
während der Schulferien:	
täglich:	von 10:00 Uhr bis 18:00 Uhr

Weitere Informationen unter:
Tel.: 03621/705246 oder www.stadt-bad-gotha.de

Deine Zeit wird knapp

Seit den frühen Morgenstunden saß Christian im Marstall in seinem Büro und kämpfte mit der Planung für ein Landschaftsprojekt. Die Stadt hatte seine Firma damit beauftragt. Gegen kurz vor zwölf Uhr hörte er ein energisches Klopfen an der Tür und noch ehe er „Herein" sagen konnte, hörte er die vertraute Stimme seiner Schwester.

„Hallo Bruderherz!"

Verwundert schaute er in Nicoles lächelndes Gesicht.

„Was willst du hier?", begrüßte er sie knapp.
„Ich bin es, deine Schwester, bei der du dich nie meldest, wenn sie anruft!"
Ihre Stimme klang nicht vorwurfsvoll, nur amüsiert.
„Du hast gleich Mittagspause und ich dachte, ich hole dich mal zu einem kleinen Ausflug ab."
Christian versuchte sich wieder in seine Unterlagen zu vertiefen.
„Ich habe keine Zeit." Er hob ein Blatt in die Luft.
„Das muss noch heute fertig werden.", erklärte er mit Nachdruck.
Nicole trat an den Tisch und nahm ihm das Blatt aus der Hand. Christian schaute sie flehend an. Es war ihr zuzutrauen, dass sie die Unterlage einfach gedankenlos zerriss und in den Papierkorb warf.
Aus Erfahrung wusste er, dass seine Schwester stets leichtfertig handelte, sich weder um Vorschriften kümmerte, noch Regeln akzeptierte.
Nein, Nicole gehörte zu den Menschen, die wie er fand, gleichgültig in den Tag hinein lebten, als gebe es keinen Morgen.
Es hatte mal eine Zeit gegeben, da hatte er sie um ihre Einstellung beneidet, doch da waren sie noch Kinder gewesen. Kinder, die nicht verstehen konnten, wie Erwachsene Tag für Tag zur Arbeit hetzten, als gäbe es nichts Wichtigeres auf der Welt.
„Nun komm schon", hörte Christian seine Schwester sagen und atmete erleichtert auf, als sie das Blatt auf dem Schreibtisch zurücklegte.
„Außerdem ist heute ein besonderer Tag, wie du weißt."
„Ein besonderer Tag...?"
Christian ging im Geiste alle Geburtstage durch, an die er sich erinnern konnte.
„Du hast es vergessen, nicht wahr?"

Nicole nahm Christians Hand und zog ihm vom Stuhl hoch.
„Na, dann wird es höchste Zeit, dich daran zu erinnern."
Christian wehrte sich schwach. Er hatte wirklich keine Zeit, hatte sich vorgenommen, heute die Mittagspause ausfallen zu lassen, um den Planungsentwurf rechtzeitig bis zum Abend fertig zu bekommen. Er wusste, dass sein Chef ihm nie die Pause verbieten würde, erwartete aber, dass er seine Aufträge fristgerecht bei ihm abgab.
Als hätte Nicole seine Gedanken gelesen, erklärte sie:
„Dein Chef ist einverstanden, dass du mal kurz Pause machst. Ich habe das längst mit ihm geklärt."
Christian schaute sie verdutzt an.
„Du warst bei meinem Chef?"
„Ja, warum nicht? Er ist ein netter Mann. Wusstest du, dass er vorhat, nicht bis zur Rente durchzuarbeiten?"
Nicole legte verschmitzt den Zeigefinger unters Auge.
„Aber ich habe ihm natürlich nicht geglaubt. Er ist wie du, ein Arbeitstier. Der bleibt hier Chef, bis er tot vom Stuhl kippt."
„Was hast Du ihm denn gesagt?"
Nicole schob ihren Bruder aus dem Büro und schloss hinter ihnen die Tür.
„Ich habe gesagt, es handelt sich um eine dringende Familienangelegenheit."
„Aber weder haben Birte und ich heute unseren Hochzeitstag, noch hat einer von uns beiden Geburtstag. Du hast doch nicht etwa einen unserer Elternteile ein zweites Mal sterben lassen?"
„Quatsch, auch wenn das Mutter und Vater nicht stören würde, sie bekämen es ja nicht mehr mit."
Als sie auf die Parkallee vorm Marstall traten bog Nicole nach links ab.
„Ich dachte, wir trinken einen Kaffee und essen ein Stück Kuchen bei Junghans am Hauptmarkt", schlug Nicole vor.

„Ich zahle auch."
„Du?" Christian wunderte sich, war seine Schwester doch stets knapp bei Kasse. Sie hatte sich vor Jahren als Masseurin selbstständig gemacht. Sie hatte jedoch kein Studio, empfing ihre Kunden bei sich zu Hause, in ihrer Dreizimmerwohnung, wenn sie Lust dazu hatte. Sie schien ihren Job nicht wirklich ernsthaft zu betreiben.
Als sie ein Stück durch den Schlosspark gingen, zeigte Nicole mit ausgestreckter Hand auf Schloss Friedenstein.
„Sag mal, wann warst du das letzte Mal in einer Ausstellung im Schloss oder hast im Biergarten vom Pagenhaus am Schloss gesessen? Hast du überhaupt schon mal die Kassematten besucht, seit sie wieder zugänglich sind?
Und warst du mal beim Teeschlösschen oder hast dich mal für zehn Minuten auf eine Bank an der Wasserkunst gesetzt?"
„Ins Teeschlösschen kann man nicht rein, da ist eine Kindertagesstätte drin."
„Na, wenigstens das weißt du."
Christian holte tief Luft.
„Ich habe nicht so viel Zeit wie du. Ich muss arbeiten und an den Wochenenden nehme ich auch mal Arbeit mit nach Hause."
„Ja, dachte ich mir. Und Birte lässt sich das alles so gefallen? Sie schaut zu, wie du langsam auf einen Burnout zusteuerst?"
Als die Beiden in Richtung Hauptmarkt gingen, fragte Nicole plötzlich:
„Weißt du wirklich nicht, was wir uns an dem ersten Montag im August vor dreißig Jahren vorgenommen haben, als wir in unserem Baumhaus saßen und Mutter entdeckten, die heimlich weinte, weil unser Vater mal wieder auf eine lange Dienstreise musste?"
Christian schüttelte den Kopf.

„Keine Ahnung. Das ist dreißig Jahre her. Wie soll ich mich da noch erinnern, was wir im Einzelnen miteinander besprochen haben."
„Wir haben uns geschworen, niemals so zu werden, wie unser Vater.", erklärte Nicole und fügte hinzu:
„Wir wollten uns in dreißig Jahren wieder zusammen setzen und sehen, was aus uns mit Anfang vierzig geworden ist."
„Aber das wissen wir doch."
Christian steuerte einen freien Tisch vor der Konditorei an und schaute nervös auf die Uhr seines Handys.
„Viel Zeit haben wir nicht!"
Nicole tat seine Bemerkung mit einer lässigen Handbewegung ab.
„Den ganzen Tag, wenn es sein muss!"
Als sie Kaffee und Kuchen bei der Bedienung bestellt hatten, schaute Nicole ihren Bruder eindringlich an.
„Bruderherz, du siehst echt ausgemergelt aus. Du wirkst auf mich, als wärst du permanent an einer Steckdose angeschlossen. Deine Gesichtsfarbe ist ganz blass. Ich glaube, du bist in die gleiche Falle hinein getappt, wie damals unser Vater."
Christian verzog den Mund.
„Hast du mich deshalb hierher eingeladen, um mir zu sagen, was ich selbst schon weiß?"
Nicole machte große Augen.
„Oh. Dir ist es wenigstens bewusst. Wie schön! Und was gedenkst du dagegen zu unternehmen?"
„Was soll ich schon machen? Ich habe einen anstrengenden Job. Birte ist zu Hause, kümmert sich um den Haushalt, engagiert sich in sozialen Projekten und hält mir etwas den Rücken frei."
Nicole nickte.
„So, so. Und dabei scheint es sie nicht zu stören, dass du dabei langsam vor die Hunde gehst."

Christian verzog den Mund.
„Ach, nun übertreibe nicht."
„Doch, ihr ist das egal. Als ich sie heute Morgen darauf ansprach, hat sie so getan, als wäre das ganz neu für sie."
„Du warst bei uns zu Hause?"
„Ja, ich..."
Nicole unterbrach sich, als sie Bedienung den Kaffee und zwei Stück Käsekuchen brachte. Wenig später fuhr sie fort:
„Ich wollte ihr klar machen, dass sie auf dich einwirken soll, dich dazu bringen, etwas kürzer zu treten. Aber weißt du, was sie gesagt hat...? Ich solle mich um meinen eigenen Kram kümmern."
„Und dann bist du wieder gegangen?", fragte Christian kleinlaut.
„Nein. Erinnerst du dich an dein letztes Klassentreffen?"
„Was hat denn jetzt das Klassentreffen mit deinem Besuch bei meiner Frau zu tun?"
„Na, ich habe beim Klassentreffen doch ein paar Fotos geschossen. Gut, du kannst dich nicht daran erinnern, du warst ja auch total besoffen. Sonst hättest du ja nicht mit Elke, in die du schon in der fünften Klasse verschossen warst, so hemmungslos rumgemacht."
„Du hast doch nicht etwa..."
„Erst wollte ich es ja auch nicht. Aber als Birte so giftig zu mir wurde, da habe ich erklärt, dass sie dich überhaupt nicht kennen würde, auch wenn ihr seit sieben Jahren verheiratet seit. Dass du eigentlich ein ganz anderes Leben willst. Ich habe ihr klar zu machen versucht, dass sie die falsche Frau für dich. Und dann habe ich die Fotos auf den Küchentisch geworfen.
Als Birte sich die Fotos angesehen hat, konnte sie es kaum glauben. Doch ich habe ihr gesagt, dass das der wahre Kern von dir sei. Dass du ein Mensch bist, der auch mal ein bisschen Spaß ha-

ben und nicht immer nur an die Arbeit denken will. Da sie finanziell nichts zu eurem Leben beisteuert, wirst du erst zu arbeiten aufhören können, wenn du tot umkippst."
Christian starrte seine Schwester entsetzt an, griff zum Handy und wählte Birtes Nummer.
„Lass mal, die erreichst du sowieso nicht. Als ich aus dem Haus ging und mich noch einmal umsah, sah ich durch die Fensterfront des Treppenaufgangs, wie sie mit zwei leeren Koffern nach oben in euer Schlafzimmer gestürmt ist."
„Was hast du getan?", fauchte Christian seine Schwester böse an und sprang vom Stuhl hoch.
Immer wieder tippte er auf dem Handy ein.
„Was fällt Dir ein, dich so in unser Leben einzumischen!", fluchte er.
Nicole schaute ihn verwirrt an.
„Erwartest du denn ernsthaft, dass ich in aller Seelenruhe dabei zusehe, wie du vor die Hunde gehst?"
Christian schaute sie böse an.
„Ich will dich nie wieder sehen. Du bist für mich gestorben."
Plötzlich klingelte sein Handy.
Nicole lauschte, hörte die Worte ihres Bruders, der seinem Gesprächspartner eindringlich erklärte:
„Aber nein, das muss ein Missverständnis sein. Warum sollte meine Schwester..., nein,.. das hätte ich schon selbst gemacht. Nur ist das ein Missverständnis... meine Unterschrift...? Hören Sie, ich komme sofort in die Firma und dann klären wir das..."
Nicole wusste, dass es sich um Christians Kündigung handelte, die sie seinem Chef heute Morgen bei ihrem Besuch im Büro überreicht hatte. Schon als Kind hatte sie die Unterschrift ihrer Eltern perfekt nachmachen können und so ab und an eine Ent-

schuldigung für sie beide geschrieben, um Christian und ihr einen gemeinsamen Nachmittag zum Spielen zu ermöglichen.
Nicole sah ihren Bruder bedauernd hinterher, der sich ohne ein weiteres Wort von ihr entfernte. Noch immer sprach er mit seinem Chef am anderen Ende der Leitung. Kopfschüttelnd beschloss sie endlich den Kuchen zu probieren. Während sie die Gabel zum Mund führte, fragte sie sich still, warum ihr Bruder sich nur so sehr gegen die Chance wehrte, in Zukunft etwas mehr Zeit für sich zu haben. Nur durch ihr Eingreifen hatte er endlich die Gelegenheit, nocheinmal ganz von vorn anzufangen.
Sie sah ihm hinterher, doch mit einem Mal fiel ihr vor Schreck die Kuchengabel aus der Hand. Ohne zu überlegen sprang sie auf, rannte ihrem Bruder hinterher und rief seinen Namen.
Doch Christian hörte sie nicht, hielt noch immer das Handy ans Ohr.
Ihr Bruder hörte nicht nur ihre Rufe nicht. Er überhörte auch das Warnsignal des Lieferwagens, der rückwärts auf ihn zuhielt.
Nicole hatte ihn fast erreicht, als ihn das Fahrzeug mit voller Wucht erfasste und unter sich begrub.

Freizeittipps

O KONDITOREI JUNGHANS | Hauptmarkt 42
Die Konditorei Junghans befindet sich am Hauptmarkt gegenüber des alten Rathauses. Sie bietet seinen Gästen im Innenbereich 80 Sitzplätze und draußen am Markt 20 Plätze, um gemütlich bei selbst gemachten Torten, Kuchen, Eis und exklusiven Pralinen und Schokolade verweilen zu können.

Öffnungszeiten:
Montag bis Samstag von 7:00 Uhr bis 18:00 Uhr
Sonntag von 14:00 Uhr bis 18:00 Uhr
Weitere Informationen unter: www.cafe'-junghans.de

○ PAGENHAUS | Schloss Friedensstein

Das Romantik-Restaurant „Pagenhaus“ bietet seinen Gästen eine kleine, aber feine Speisekarte mit saisonalen Gerichten.
Natürlich dürfen auf der Speisekarte die Thüringer Knödel nicht fehlen. Im Außenbereich bietet eine Biergarten direkt am Schloss seinen Gästen eine Oase der Ruhe, umgeben von Kräuterbeeten, die nach alten historischen Plänen wieder neu angelegt wurden.
Öffnungszeiten:

Montag	Ruhetag
Dienstag bis Samstag	von 11:30 Uhr bis 22:00 Uhr
Sonntags und Feiertags	von 11:30 Uhr bis 17:00 Uhr

Weitere Informationen unter:
Tel.: 03621 / 403612 und www.Restaurant-pagenhaus.de

○ MARSTALL | Parkallee 1

Der Marstall wurde 1848 erbaut und bis 1997 als Reithalle genutzt. Heute befinden sich hinter seinen Mauern moderne Bürogebäude.

○ SCHLOSSPARK

Um das Schloss Friedensstein liegt die barocke Parkanlage mit Seen und Pavillons und alten Baumbeständen.
Die Parkanlage geht auf Planungen von 1756 zurück und ist mit insgesamt 37 ha eine der größten Anlagen in Deutschland.
An der östlichen Seite des Schlosses wird die Gartenanlage von Orangeriegebäuden flankiert, die aus dem 18. Jahrhundert stam-

men. Eine weitere Gartenanlage erstreckt sich zwischen dem Schloss Friedenstein und dem Herzoglichen Museum in südlicher Richtung. Von 1869 bis 1882 wurde hier eine außergewöhnliche Nadelgehölzsammlung angelegt. Ein weiterer Höhepunkt der ausgedehnten Parkanlage ist der große Gartenteich mit einer Begräbnisinsel in seiner Mitte. Sie diente zwischen 1779 und 1848 der Bestattung von Familienmitgliedern des Hauses Sachsen- Gotha- Altenburg.

○ WASSERKUNST

Mit wachsender Einwohnerzahl Gothas und unzähligen Bränden in der Stadt, genügten die Brunnen der Stadt nicht mehr und so wurde im 15. Jahrhundert der Leinakanal gebaut. Auf einer Strecke von rund 30 Kilometer versorgt der Kanal auch heute noch die Stadt mit Wasser aus dem Thüringer Wald. Ein hölzernes Pumpwerk konnte das Wasser bis hoch zum Schloss Friedenstein befördern. Als die Bergmühle (erbaut 1387) unterhalb des Schlosses im Jahre 1895 abgerissen wurde, wurde dort die neue Wasserkunst erbaut und im Oktober 1895 eingeweiht. Im Keller des Lucas-Cranach-Hauses wurde eine Pumpen- und Turbinenanlage für den Springbrunnen sowie für die Stromerzeugung installiert, die bis heute in Betrieb ist. Die Wasserkunst ist eine dreiteilige Wasserspiel-und Brunnenanlage, die sich über drei Ebenen und 72 Meter erstreckt.

○ SCHLOSS FRIEDENSTEIN

Im Jahre 1643 legte der Herzog Ernst I. von Sachsen- Gotha (Ernst der Fromme) den Grundstein zum Bau des Schlosses Friedenstein. In der Zeit ab 1675 diente das Schloss mit seinen Wohn- und Repräsentationsräumen, Verwaltungs- und Wirtschaftsräumen, Zeughaus, Münze und Kirche, als fürstliche Residenz für den

Herzog. Unter Ernst II. wurde die Festungsanlagen abgetragen und die damit gewonnene Fläche in die Parkanlage integriert. Unter ihm wurde auch ein ständiges Theater in das Schloss integriert. Im Schloss sind verschiedene Sammlungen untergebracht.

Schlossmuseum: Umfasst die ehemaligen herzoglichen Wohnräume. Das Schlossmuseum besitzt eine bedeutende Sammlung von Skulpturen des Klassizismus und eine der frühesten ägyptischen Sammlungen Europas. Im Schloss befindet sich im Westturm auch die Dauerausstellung „Tiere im Turm" des Museums der Natur, sowie das Historische Museum (ehem. Museum für Regionalgeschichte und Volkskunde). Auch das Münzkabinett Gotha, mit seinem 130.000 Objekten und das Thüringische Staatsarchiv Gotha, das auf das 1641 gegründete herzogliche Staatsarchiv von Sachsen-Gotha zurückgeht, befindet sich ebenfalls im Westturm des Schlosses. Im Ostflügel des Schlosses befindet sich die Forschungsbibliothek Gotha, die den Grundbestand der ehemaligen Schlossbibliothek beinhaltet.

Öffnungszeiten:

von April bis August	Montag geschlossen
Dienstag bis Sonntag	von 10:00 Uhr bis 17:00 Uhr
von November bis März	Montag geschlossen
Dienstag bis Sonntag	von 10:00 Uhr bis 16:00 Uhr

Für den Rundgang steht ein Audioguide in Deutsch oder Englisch zur Verfügung. Die Ausleihe kostet 2,50 €. Führungen außerhalb der Öffnungszeiten sind nach Vereinbarung möglich.

Weitere Informationen unter:

Stiftung Schloss Friedenstein Gotha
Schloss Friedenstein
99867 Gotha

Tel.: 03621 / 82340 oder www.stiftungfriedenstein.de
Öffnungszeiten der Forschungsbibliothek:

Montag bis Freitag	von 9:00 Uhr bis 20:00 Uhr
Samstag bis Sonntag	von 9:00 Uhr bis 13:00 Uhr

Servicezeiten der Ausleihtheke und des Sonderlesesaals

Montag bis Freitag	von 9:00 Uhr bis 18:00 Uhr

Weitere Informationen unter:
0361 / 7375540 (Information und Ausleihe)

○ KASEMATTEN

Schloss Friedenstein ist von einer starken barocken Festungsanlage umgeben. Die unterirdischen Gewölbe der Festungsanlagen haben eine Länge von 2,5 Kilometern.
Bei einem Rundgang in bis zu 14 Meter Tiefe können Besucher Schartenkammern, Büchsengalerien, Hinterwehre und vieles mehr entdecken.
Öffentliche Führungen:

April bis Oktober	13:00 Uhr und 17:00 Uhr
November bis März	13:00 Uhr und 16:00 Uhr

Anbieter: Tourist-Information-Gotha
Weitere Informationen unter:
Tel.: 03621 / 510450 oder www.kultourstadt.de

○ TEESCHLÖSSCHEN | Mendelssohnweg 1

Zwischen 1780 und 1781 ließ Herzog Ernst II. ein Gartenhaus für seine Frau Charlotte Amalie errichten. Es handelt sich um eine einstöckige Kapelle. Später wurde sie zur offiziellen Sommerwohnung für Charlotte Amalie ausgebaut.
Heute ist das Teeschlösschen ein Christliches Kinderhaus.
Weitere Informationen unter:
www.teeschloesschen.de

Linie 4

Johann Kerber, ein rundlicher Bursche mit blanker, schwitzender Halbglatze, sitzt auf seinem Fahrerplatz der Waldbahn und blättert in der Thüringer Allgemeinen, ohne einen der Beiträge, die er überfliegt, ernsthaft zu erfassen. Auch jetzt, ein paar Minuten vor Abfahrt seiner Bahn, vom Gothaer Hauptbahnhof in Richtung Tabarz, hüllt die schwüle Luft ihn unerbittlich ein.
Das Arbeitshemd klebt ihm am Rücken, die Füße quälen sich in saunaähnlichem Zustand in den schwarzen Halbschuhen.
Johann ist müde, sehnt sich nach seinem Bett. Doch bis dahin muss er noch einmal eine Stunde bis Tabarz und eine Stunde Rückfahrt absolvieren. Er sieht auf die Uhr, es ist 19:35 Uhr. In zehn Minuten beginnt seine Fahrt, genug Zeit, um noch etwas vor sich hin zu dösen.

*

Haltestelle: Hauptbahnhof Gotha

Johann sieht auf die Uhr, er will die Knöpfe drücken, um die Türen der Waldbahn zu schließen, als er eine Frauenstimme rufen hört: „Halt, warten Sie!“
Er sieht eine ältere Dame, die ihm zuwinkt und im letzten Moment keuchend in die Bahn steigt.
Dann schließt Johann endlich die Türen, wartet eine Sekunde auf ihr Danke, das ausbleibt, und fährt los.

Haltestelle: Bahnhofstraße

Johann schaut in den Rückspiegel und sieht die Frau unschlüssig vor dem Fahrkartenentwerter stehen. Sie trägt eine hellgrüne

Bluse und eine schwarze Stoffhose. Ihre schmalen, stark geäderten Füße stecken in Sandaletten.

Haltestelle: Orangerie

„Verdammte Dinger. Früher sind noch Kontrolleure durch die Straßenbahn gegangen und haben die Fahrkarten mit der Lochzange entwertet."
Johann holt tief Luft. Er ahnt, dass die Frau es nicht bei einem Selbstgespräch belassen wird. Als hätte sie seine Gedanken gelesen, dreht sie sich um, kommt nach vorn auf ihn zu und hält ihm den Fahrschein unter die Nase.
„Das Ding funktioniert nicht. Sie hätten mir längst mal helfen können!"
„Indem ich während der Fahrt von meinem Sitz aufspringe...?, denkt Johann still und bremst die Bahn ab, bis sie vor der nächsten Haltestelle zum Stehen kommt.

Haltestelle: Huttenstraße

Zwei junge Mädchen steigen ein und nehmen am Ende des Waggons Platz. Kichernd unterhalten sie sich und schauen abwechselnd auf ihre Smartphones.
Johann steht auf, nimmt ihr den Fahrschein aus der Hand, steckt ihn in den Entwerter und zieht ihn nach einem deutlich hörbaren Klicken wieder raus.
„Bitte schön!" Mit einem gezwungenen Lächeln gibt er der Frau den Fahrschein zurück und begibt sich wieder auf seinen Platz.
„Dass es bei Ihnen sofort geklappt hat, ist ja klar. Ihnen gehört dieser Kasten ja schließlich auch", antwortet die Frau und setzt sich auf den für schwerbehinderte reservierten Platz neben dem

vorderen Einstieg. Johann fährt weiter und ohne ersichtlichen Grund, beginnt die Frau auf ihn einzureden.

Haltestelle: Gartenstraße

„Ich möchte mal einen Tag erleben, an dem man keinen Ärger mit der Bahn hat. Dabei hatte der Tag so schön angefangen. Ich bin ganz früh mit der Bahn von Tabarz nach Gotha rein gefahren, habe das Tivoli besucht, mir seit Jahren mal wieder das Eckhoftheater angesehen und an einer Führung im Versicherungsmuseum teilgenommen. Und zum Abschluss bin ich noch ins Café Suzette gegangen und hab mir ein großes Stück Käsekuchen mit Schlagsahne gegönnt."

Haltestelle: B.-von-Suttner-Platz

Johann lässt die Frau reden. Verstohlen betrachtet er sie und hofft, dass sich ihre Blicke nicht treffen. Sie hat schlohweißes Haar. Ihre Wangen sind eingefallen und ihr grübelnder Blick kommt aus tiefliegenden Augenhöhlen. Sie lächelt nicht, jeder einzelne Gesichtsmuskel ist angespannt.
„Merkwürdig", denkt er, „die Frau hat Ähnlichkeit mit jemandem, den ich von früher kenne." Doch ihm will nicht einfallen, mit wem die Frau Ähnlichkeit hat.

Haltestelle: Myconiusplatz

„Sagen Sie...", durchbricht die Frau plötzlich seine Grübelei. „Kann es sein, dass wir uns kennen?"
Johann schreckt zusammen. Sind ihr etwa die gleichen Gedanken wie ihm durch den Kopf gegangen?

„Glaube nicht“, antwortet Johann und versucht sich auf den Straßenverkehr zu konzentrieren.

Haltestelle: 18. März Straße

„Doch, doch! Ich kenne Sie. Warten Sie, gleich habe ich es.“
Johann wünscht sich inständig, es möge eine riesige Touristengruppe an der nächsten Haltestelle einsteigen, die der Frau die Sicht auf ihn nehmen und eine Unterhaltung unmöglich machen würde. Doch das Schicksal meint es nicht gut mit ihm.

Haltestelle: Ernststraße

An der nächsten Haltestelle steigt nur ein älterer Mann mit seinem Dackel ein, wünscht ihm einen schönen Abend und setzt sich in die Mitte des Waggons.
„Aber natürlich... Johann Kerber ?“
Johann zuckt erneut zusammen. Bevor er die Bahn in Bewegung setzt, dreht er sich kurz um. Sie grinst ihn erhaben an.
„Ich bin Frau Weichmuth. Ich war deine Klassenlehrerin.“
Johann hebt die Schultern, dreht sich gleichgültig um und erklärt:
„Tut mir leid, aber Sie müssen sich irren.“
Die Frau lässt sich nicht verunsichern. Ihre Erkenntnis ist längst zur Gewissheit geworden.
„Aber ich erkenne dich doch wieder. Gut, du hattest früher mehr Haare und sie waren auch etwas heller. Aber deine Segelohren sind das untrügliche Zeichen, dass ich mich nicht irre.“
„Sie müssen mich mit jemanden verwechseln. Bestimmt bin ich nicht der einzige mit Segelohren.“, erklärt er mit fester Stimme.

Haltestelle: Wagenhalle

Sie scheint nach einem Namensschild Ausschau zu halten. Als sie keinen Hinweis auf seine Identität entdecken kann, lehnt sie sich an ihrem Sitz zurück.
„Ich brauche nur bei der Zentrale nachzufragen, mit wem ich heute gefahren bin", murmelt sie vor sich hin. Für einen Moment schaut sie still aus dem Fenster. Doch dann legt sich plötzlich ein breites Grinsen auf ihr Gesicht.

Haltestelle: Schöne Aussicht

Sie schlägt sich unvermittelt vor die Stirn und erklärt ihm mit einem Glucksen in der Stimme:
„Jetzt weiß ich, warum du dich mir nicht zu erkennen geben willst."
Johann horcht auf. In ihrer Stimme schwingt ein Hauch von Angriffslust mit.
„Es ist dir peinlich. Ich sage nur...Matheolympiade 1979."
Sie beugt sich nach vorn, schaut auf seine Silhouette.
„Du warst früher ein schlauer Schüler, gerade in Mathematik, aber dann... Scheinst geistig abgebaut zu haben. Na, sonst würdest du ja auch keine Waldbahn fahren. Du kompensierst wohl dein geistiges Defizit mittlerweile mit einer übermäßigen Nahrungsaufnahme." Ihr hämisches Lachen schwappt durch die Bahn und trifft ihn wie kleine Nadelstiche in den Rücken. Sogar der alte Mann wird für einen Moment durch ihre Stimme aus seinem Nickerchen gerissen.

Haltestelle: Hawege-Markt

„Und dann die große Blamage. Gott, was habe ich mich für dich geschämt. Straßenbahnfahrer bist du also geworden. Wenn ich das meinen ehemaligen Lehrerkollegen erzähle, was die wohl sagen werden?"
Johann zeigt auf das Schild über sich. Seine Geste kommt einer letzten hoffnungslosen Verteidigung gleich. Er fragt sich, warum sie ihn nicht einfach in Ruhe lässt.
„Keine Unterhaltung während der Fahrt", liest sie ihm den Text des Schildes vor.
„Das ich nicht lache. Jetzt, wo ich dich zufällig wiedergetroffen habe, wird es ja wohl erlaubt sein, dass sich eine alte Lehrerin mit ihrem ehemaligen Schüler unterhält."

Haltestelle: Sundhausen

Die Frau atmet hörbar ein, bevor sie fortfährt:
„Ja, die Olympiade! Du kannst dich doch sicher noch daran erinnern, oder?"
Warum tut sie das? Warum kann sie nicht einfach hier sitzen und den Mund halten? Zu seinem Unglück fährt sie bis zur Endhaltestelle.
Natürlich kann er sich noch an die Olympiade erinnern, auch wenn er die Ereignisse von damals längst verdrängt hatte.
Es war doch so lange her. All das, was damals geschah, hatte mit seinem heutigen Leben nichts mehr zu tun. Doch mit dem Auftauchen seiner alten Klassenlehrerin, ihren Andeutungen, krabbeln die Erinnerungen wie Ameisen nach der Zerstörung ihrer Ameisenhügels in Scharen an die Oberfläche. Alles ist plötzlich wieder da. Jedes Bild, jeder seiner Gedanken von einst.

Er kann sogar die Erde riechen, die ihren modrigen feuchten Duft verströmte, an jenem Sommertag im Juli 1979.

Haltestelle: Boxberg

Er hört plötzlich den Regen, der damals ans Fenster seines Kinderzimmers prasselte und ihn aus einem unruhigen Schlaf riss. Ein Blick auf den Wecker teilte ihm mit, dass er verschlafen hatte.
Hastig zog Johann sich an, steckte das weiße Hemd in die hellgraue Kordhose und band sich das rote Halstuch um, wie es sich für einen Thälmannpionier der sechsten Klasse gehörte. Er zog sich eine Regenjacke über und verließ die Wohnung.
Wie ein Marathonläufer rannte er mit gleichmäßigen kraftvollen Schritten zur Schule.
Johann versuchte den Pfützen auf dem Gehweg auszuweichen. Noch im Laufen überlegte er, wie er sein Zuspätkommen erklären sollte.
Mit einem einfachen „Habe verschlafen“, war es heute nicht getan. Es war nicht einfach eine normale Unterrichtsstunde, in die er hereinplatzen würde, sondern die zehnte Matheolympiade der Friedrich-Engels-Schule, an der alle vier sechsten Klassen teilnahmen. Er war der ausgewählte Teilnehmer der 6b.

Haltestelle: Leina

Als er die Schule betrat, war sie wie ausgestorben. Johann nahm drei Stufen auf einmal. Er brachte den Weg in den obersten Stock in Rekordzeit hinter sich. Schwer atmend stand er vor der Tür der Aula. Er verschnaufte einen Moment, bevor er die Tür öffnete.

In langen Stuhlreihen saßen die Schüler der sechsten Klassen nebeneinander und schauten nach vorn auf die Bühne.
Hinter der Bühne war ein blauer Vorhang gespannt, in dem mit großen roten Buchstaben der Satz:
„ALLE KRAFT UNSEREM SOZIALISTISCHEN VATERLAND“ stand.
Dahinter verbargen sich die Landkarten der sozialistischen Bruderländer für den Erdkundeunterricht.

Haltestelle: Wahlwinkel

Johann schlich sich in die hinterste Reihe. Keiner der Lehrkörper schien sein verspätetes Eintreffen bemerkt zu haben.
Die Pionierleiterin ging gerade auf die Bühne, stellte sich neben die vier Tische, die gleich von den Olympiadeteilnehmern belegt werden würden.
Ihre kraftvolle Stimme dröhnte durch die Aula:
„Ich habe die Freude und die Pflicht, die 10. Matheolympiade der Friedrich-Engels-Schule Gotha im Namen unseres Generalsekretärs der Sozialistischen Einheitspartei Deutschlands und Staatsratsvorsitzenden Erich Honecker, sowie allen Lehrkörpern unserer Schule, für eröffnet zu erklären.“
Johann schaute auf das Bild seines Staatsratsvorsitzenden, das über dem Eingang der Aula hing.
Er war sich nicht sicher, ob Herr Honecker überhaupt von dieser Veranstaltung wusste, denn von den langen Menschenschlangen beim Fleischer, in die Johann sich ab und an einreihen musste, um ein ordentliches Stück Fleisch zu bekommen, schien er auch nichts zu wissen, sonst hätte Herr Honecker diesen Missstand längst behoben, denn immerhin war er der Boss in diesem Staat.

Haltestelle: Waltershausen Gleisdreieck

Plötzlich ertönte die Stimme seiner Mathelehrerin:
„Für Frieden und Sozialismus, seid bereit!"
Alle Schüler sprangen von ihren Plätzen, als hätte ein Schwarm Bienen auf Kommando gleichzeitig die Hinterteile der Anwesenden gestochen. Sie setzten die ausgestreckten Hände auf den Scheitel und antworteten im Chor:
„Immer bereit!"
Dann setzten sie sich erleichtert wieder auf ihre Plätze.
Johann und drei andere Schüler aus den Parallelklassen wurden auf die Bühne gerufen. Sie nahmen an den Tischen Platz. Noch verbargen die Flügel der Wandtafel die zwanzig Aufgaben, die es zu lösen galt.
Wenig später schlug die Mathelehrerin die Tafelflügel auf und Johann und seine Mitstreiter begannen die Aufgaben abzuschreiben.

Haltestelle: Schnepfenthal

Für Johann stellten die Aufgaben keine große Schwierigkeit dar. Nicht umsonst war er in Mathe der Klassenbeste und besuchte an jedem hausaufgabenfreien Mittwoch die Arbeitsgemeinschaft „Junge Mathematiker".
Nach einer halben Stunde ging die Mathelehrerin nach vorn und fragte, ob alle Teilnehmer die Aufgaben abgeschrieben hätten. Als alle Teilnehmer nickten, wischte sie die Aufgaben von der Tafel, um Platz für die Lösungen zu machen, die die Teilnehmer am Ende an die Tafel schreiben mussten.
Johanns Konzentration ließ plötzlich nach. Immer öfter schaute er sich in der Aula um. Einige der Schüler in den hinteren Sitz-

reihen schrieben sich Zettel, die sie ihren Mitschülern kichernd zuschoben. Andere ließen Kaugummiblasen platzen und versanken nach dem Knall in ihren Sitzen. Johanns Unkonzentriertheit hatte nichts mit seinen Klassenkameraden zu tun. Es war das Gefühl, das sich in seiner Blase breit machte. Durch den überstürzten Aufbruch am Morgen war es ihm nicht mehr gelungen, zu Hause zur Toilette zu gehen. Hilfesuchend schaute er zu seiner Lehrerin. Johann blickte sie flehend an, wackelte nervös mit den Beinen herum. Doch die Lehrerin konnte sein Verhalten nicht deuten. Sicher dachte sie, er quälte sich mit den Aufgaben herum, sei verzweifelt.

Haltestelle: Reinhardsbrunner Teiche

Johann wollte nicht aufgeben, zu groß war der Druck und das dringende Bedürfnis austreten zu müssen. Doch plötzlich erhob sich seine Lehrerin und kam zu ihm an den Tisch. Dabei ließ sie keinen Zweifel, dass es ihr peinlich war, die Ruhe durch ihren Auftritt zu stören.
„Was ist denn?“, fragte sie Johann nervös.
„Ich muss mal ganz dringend.“
„Jetzt?“ Ihr Entsetzen war echt.
„Das geht jetzt nicht!“
„Aber ich halte es nicht mehr länger aus.“
Für einen Moment stand sie unschlüssig da und schaute auf die Uhr.
„Kannst du nicht noch die letzten zehn Minuten aushalten?“
„Nein, kann ich nicht“, antwortete Johann gequält und wartete darauf, dass sie ihn endlich gehen ließ.
„Zehn Minuten wirst du doch wohl noch schaffen.“
„Ich kann nicht!“

„Ach was“, winkte seine Lehrerin entschieden ab.
„Denk an die Genossen und Genossinnen im Widerstand. Die haben Schlimmeres durchstehen müssen, als mal nicht sofort auf die Toilette gehen zu können.“
Johann sah keinen Zusammenhang zwischen den antifaschistischen Widerstandskampf und seiner dringenden Notdurft. Er wollte ihr das sagen, doch noch ehe er den Mund öffnete, hob sie abwehrend die Hand in die Luft.
„Außerdem ist es gegen die Regeln und du willst doch deinen Klassenkameraden keine Disqualifizierung ihrer Klasse zumuten?“
Nein, das wollte er nicht, aber er wollte auch nicht, dass ihm gleich die Blase platzte.

Haltestelle: Reinhardsbrunn Bahnhof

Plötzlich ertönte ein Gong, der das unmittelbare Ende der Zeit ankündigte.
Wenig später wurde ein Teilnehmer nach dem anderen aufgefordert,
seine Ergebnisse an die Tafel zu schreiben. Als Johann dran war, weigerte er sich und blieb sitzen.
Beim zweiten Versucht, Johann an die Tafel zu bitten, wurden auch die Schüler auf den letzten Sitzplätzen hellhörig.
Irgendetwas da vorn lief nicht nach Plan.
Johanns Lehrerin verlor allmählich die Geduld und trat an seinen Tisch.
„Was ist denn heute nur los mit dir?“
„Ich kann nicht.“
„Was soll das heißen, du kannst nicht?“
„Ich kann eben nicht.“

Seine Lehrerin griff ihn unter den Arm und hob ihm vom Stuhl. „Ach was, nun los."
Beschämt schaute Johann an seinen Beinen herunter. Am rechten Fuß war eine kleine Pfütze. Sein Schritt und ein länglicher Streifen am Hosenbein waren nass.

Haltestelle: Friedrichroda

„Du hast doch nicht etwa..."
Johannes nickte. „Sie wollten doch nicht, dass ich..."
Er konnte den Satz nicht mehr zu Ende bringen. Zu viele Schüler hatte bereits begriffen, was geschehen war.
„Der hat sich eingepisst! Ein Bettnässer! Schaut mal, der ist ganz nass. Er hat wie ein Hund unter den Tisch gepinkelt!"
Die Ruhe in der Aula war dahin. Die Schüler grölten und übertönten sich gegenseitig mit Feststellungen und Gelächter.
Alle schauten auf Johann, einige zeigten mit dem Finger auf ihn. Jetzt erhoben sich auch die Lehrer in der ersten Reihe, drehten sich zu den Schülern um und versuchten sie zu beruhigen. Doch die Meute war außer Rand und Band.
Dass sich ein Mitschüler der 6.Klasse bei einer Matheolympiade in die Hose gemacht hatte, war noch nie da gewesen. Einige der Mitschüler würden noch Jahre später ihren Kindern von diesem Tag erzählen. Dem Tag, als sich Johann Kerner, das Mathegenie, in die Hose gepisst hatte.
Johann hielt das alles nicht mehr aus. Er war durch die Unnachgiebigkeit seiner Mathematiklehrerin zum Gespött der ganzen Schule geworden. Sie konnte nicht im Geringsten ermessen, was sie ihm damit angetan hatte.

Haltestelle: Marienglashöhle

„Wärst du damals nicht aus dem Raum gerannt und hättest trotz allem deine Lösungen an die Tafel geschrieben, wären wir sicher noch Sieger geworden."

Die Worte der Lehrerin reißen Johann aus den Erinnerungen. Noch immer denkt er nicht daran, sich ihr zu erkennen zu geben.

„Na, wie auch immer. Wir sind ja gleich in Tabarz und da muss ich aussteigen."

Es sind noch zwei Minuten bis zur Endhaltestelle, als die Lehrerin sich erhebt.

„Hättest du damals eine schwarze Hose getragen, dann wäre es vielleicht niemandem aufgefallen. Dann wäre alles gut gegangen und du hättest deine Klassenkameraden, das Lehrerkollektiv und vor allem auch mich nicht bis auf die Knochen blamiert"

Johann ist innerlich außer sich vor Wut. Er beschleunigt die Bahn so schnell es geht und dann in dem Augenblick, als seine Lehrerin sich festhalten will, ertönt das schrille Klingeln der Bremsen.

Wie ein leerer Koffer fällt sie hin. Der alte Mann lässt sich von der Vollbremsung nicht beeindrucken und die Blicke der beiden Mädchen im hinteren Teil des Waggons sind auf die Displays gerichtet.

Der erste Schreck vom Anblick der alten Frau, die hilflos zwischen den Sitzen liegt, ist schnell verflogen.

Haltestelle: Tabarz

Johann bringt die Waldbahn zum Stehen, öffnet die Türen und geht zu seiner ehemaligen Lehrerin. Er wartet bis die beiden Mädchen und der alte Mann mit seinem Hund ausgestiegen sind.

Johann ballt die rechte Hand zur Faust und hält sie ihr unter die Nase.
„Wissen Sie was darin verborgen ist? Wissen Sie, was in wenigen Sekunden in Ihr Gesicht niederfahren wird?“
Die alte Frau hält vor Schreck den Atem an. Still liegt sie da, wendet den Blick von ihm ab, um ihm keinen Grund für eine unbedachte Handlung zu geben.
„All die Verzweiflung liegt darin, die ich empfand, als Sie mich nicht zur Toilette gehen ließen. All die Schmach, mit nasser Hose vor all den Schülern auf der Bühne stehen zu müssen.“
Johann grinst hämisch.
„Sie haben Angst? Denken Sie an die Genossen und Genossinnen, von denen Sie mir in meiner damaligen Lage erzählt haben. Denken Sie an sie, wenn meine Faust ihr Gesicht zermalmt.“
„Halt, halt, warten Sie!“

*

„Halt, halt, warten Sie!“
Johann schreckt auf. Er schaut durchs Fenster nach draußen und sieht eine alte Frau auf die Waldbahn zukommen.
Johann schlägt die Zeitung zu und legt sie zur Seite.
Er schaut auf die Uhr. Es ist 19:50 Uhr. Er ist eingeschlafen, ist fünf Minuten zu spät. Auf seiner Fahrt nach Tabarz wird er die Zeit irgendwie aufholen müssen. Die Frau steigt ein und geht zum Fahrkartenentwerter.
„Verdammte Dinger!“, hört er sie fluchen.
„Früher sind Kontrolleure durch die Bahn gegangen und haben die Fahrscheine mit einer Lochzange entwertet.“
Johann lächelt still vor sich hin, schließt die Türen und setzt die Waldbahn in Bewegung.

KONDITOREI JUNGHANS | Hauptmarkt 42

Die Konditorei Junghans befindet sich am Hauptmarkt gegen-
Freizeittipps

TIVOLI GOTHA | Am Tivoli 3

Das Tivoli wurde um 1830 erbaut und trug anfänglich den Namen „Kautsches Wirtschaftslokal". Es entwickelte sich zu einem Treffpunkt von ansässigen Handwerkern und Gesellen.

Im Mai 1875 vereinigten sich der ADAV (Lassalleaner) und die SDAP (Eisenacher) zur Sozialistischen Arbeiterpartei Deutschlands (ab 1890 SPD). Außerdem wurde das Gothaer Programm verabschiedet, das Karl Marx in einem Schreiben an Karl Liebknecht kritisierte.

Nachdem das Tivoli in den folgenden Jahren als Lazarett und als Kindergarten genutzt wurde, ist es seit 1953 eine Gedenkstätte.

Weitere Informationen unter:
Förderverein Gothaer Tivoli e.V.
Am Tivoli 3
99867 Gotha
Tel.: 03621 / 704127 oder www.tivoli-gotha.de

DEUTSCHES VERSICHERUNGSMUSEUM ERNST WILHELM ARNOLDI | Bahnhofstraße 3a

Das Museum erinnert mit historischen Dokumenten, Fotos und Feuerversicherungsschildern an Gotha, als Wiege des modernen Versicherungswesens. Das Museumsgebäude war einst Sitz der Gothaer Lebensversicherungsbank. Das Gebäude wurde nach Plänen von Bruno Eelbo von 1893-1894 erbaut.

Die Ausstellung ist in historischen Sitzungsräumen der Lebensversicherung und im Foyer des heutigen Thüringer Finanz-und Sozialgerichts untergebracht.

Öffnungszeiten:

Montag von 10:00 Uhr-16:00 Uhr (außer an Feiertagen)

Besuche außerhalb der Öffnungszeiten sind, in Absprache mit der Tourist-Information Gotha, möglich.

Weitere Informationen unter:

Tourist-Informationen Tel.: 03621 / 510450

oder

Geschäftsstelle des Fördervereins E.W.Arnoldi e.V.

Friedrich-Perthes-Str. 4

99867 Gotha

Tel.: 03621/512330

❍ EKHOF THEATER

Im Westturm des Schlosses Friedenstein befindet sich das Ekhoff Theater, welches zwischen 1681-1687 eingerichtet wurde. Es ist das einzige Theater der Welt, das noch eine funktionierende Bühnenmaschinerie aus dem 17. Jahrhundert besitzt. Unter dem Auftraggeber Ernst II. entstand nicht nur das Theater, sondern auch eine Schauspieltruppe, die im Dienste des Herzogs stand und ausschließlich das Schlosstheater bespielte. Im 18. Jahrhundert wirkten die bedeutenden Schauspieler Conrad Ekhof und August Wilhelm Iffland. Jedes Jahr findet von Juli bis August das Ekhof Festival statt.

Weitere Informationen unter:

Tel.: 03621 / 823451 oder www.ekhof-festival.de

○ THÜRINGERWALDBAHN

Im Jahre 1914 begannen die Arbeiten für die Thüringer Waldbahn, die sich aber durch den Beginn des 1. Weltkriegs und der Weltwirtschaftskrise bis ins Jahr 1929 hinzogen. Zur Einweihung besaß die Thüringer Waldbahn zehn Triebwagen. Die Höchstgeschwindigkeit lag bei 50km/h. Von Gotha ausgehend führt eine kapp 22 Kilometer lange Strecke über u.a. Sundhausen, dem Boxberg, Wahlwinkel Schnepfenthal, Reinhardsbrunn, Friedrichroda bis nach Tabarz. Die Fahrtdauer mit der Linie 4 beträgt gut eine Stunde. Von Tabarz aus gibt es verschiedene Wanderwege zum Inselberg. Von der Station Waltershausen Gleisdreieck führt eine Zweigstrecke mit der Linie 6 nach Waltershausen. Weitere Informationen unter:
Tel.: 03621 / 4310 oder www.waldbahn-gotha.de

○ CAFÉ UND PENSION SUZETTE | Bebelstraße 8

Neben hausgemachten Kuchen und Torten, Eis und Kaffeespezialitäten, führt das Café eine gleichnamige Pension.
Öffnungszeiten des Cafés:
Montag und Dienstag Ruhetag
Mittwoch bis Sonntag von 11:00 Uhr bis 17:00 Uhr

Die Pension bietet 6 Zimmer (1x Doppelzimmer; 2x Zweibettzimmer; 3x Einzelbettzimmer). Alle Zimmer sind mit Dusche, WC, und Fernseher ausgestattet. WLAN auf Anfrage! Die Pension bietet durch ihre Lage eine gute Anbindung an die öffentlichen Verkehrsmittel. Sie ist jedoch nicht für einen Aufenthalt mit Haustieren ausgerichtet. Preise: Einzelzimmer mit Frühstück ab 33 €, Zweibettzimmer oder Doppelzimmer mit Frühstück ab 58 €
Weitere Informationen unter: Tel.: 03621 / 856755
Mail.: pension@cafe-suzette.de

Vom Regen in die Traufe

Siegfried Maiwald stand im Wohnzimmer und schaute vorsichtig durch die Gardine auf die gegenüberliegende Straßenseite. Auch wenn seine Sehkraft mit vierundsiebzig Jahren langsam nachließ, konnte er im ersten Stock hinter der Hausnummer vier deutlich die Silhouette von Irmtraud, der besten Freundin seiner Frau Annemarie, erkennen. Seit Tagen, besser gesagt, seit zwei Wochen, hatte sie nichts Besseres zu tun, als ihn zu observieren. Wenn er das Haus verließ, lauerte sie ihm auf, um sich bei ihm nach Annemarie zu erkundigen.

Siegfried hatte ihr erklärt, dass sie vor zwei Wochen ihre Koffer gepackt und ihn verlassen hatte. Nicht nur Irmtraud wollte ihm das nicht glauben.

Gerhild war eine weitere Freundin im Bunde der Damen des Kegelclubs, die sich einmal in der Woche zum Kegeln oder, besser gesagt, zum Plauderstündchen in der Goldbacher Straße im Keglerheim trafen. Nun rief sie fast täglich an, um ihm die Anschrift oder wenigstens die Telefonnummer seiner Frau abzuringen.

Beim besten Willen konnte er ihr nicht weiter helfen. Sie wollte nicht glauben, dass Annemarie ihn von heute auf morgen verlassen hatte.

Die Krönung war allerdings Adelhcid, die dritte Freundin im Bunde. Jeden Montag, Mittwoch und Freitag warf sie einen ordentlich gefalteten Briefbogen ohne Umschlag in den Briefkasten, der immer die gleiche Botschaft enthielt:

„Wir werden zur Polizei gehen, wenn du nicht mit uns redest!"

Siegfried hoffte, dass der Spuk bald ein Ende haben würde, doch mit der heutigen Nachricht in seinem Briefkasten, wurde ihm klar, dass sich die Lage zuspitzte.

Er musste endlich etwas gegen die Aufdringlichkeit der drei Damen unternehmen.
Siegfried wohnte seit 40 Jahren mit seiner Frau nun alleine, in einer kleinen Paterrewohnung mit Zugang zum Garten in der Siedlung „Am schmalen Rain".
Er ging zur Hintertür, die in den Garten führte, und lief erfüllt von einer tiefen inneren Ruhe durch den langen Flur.
„Wie herrlich!" dachte er. Wie lange hatte er sich danach gesehnt.
Zu Beginn ihres gemeinsamen Rentnerlebens hatten sie es recht behaglich. Annemarie konnte endlich ihrer Leidenschaft nachgehen und so kümmerte sie sich voller Hingabe um den kleinen Garten. Kein Kraut, und war es noch so klein, wuchs an der falschen Stelle. Radieschen, Tomaten und Salat wuchsen um die Wette und bereicherten nicht nur das Abendbrot, sondern wurden auch gern den Freundinnen mitgebracht.
Siegfried liebte das Lesen. Schon als kleiner Junge war er in die Stadtbibliothek gegangen, die damals noch in einem Teil der Orangerie untergebracht war.
Er genoss es zu jeder Jahreszeit auf einer der Bänke inmitten der symetrisch angelegten Blumenrabatten zu sitzen, zu lesen und ab und an den Blick über die herrlich duftenden Blumenpracht gleiten zu lassen oder die Fassade des Schloss Friedrichsthal an zu schauen. Oft stellte er sich dabei vor, wer hier schon vor Hunderten von Jahren saß oder flanierte.
Bis zum heutigen Tag lieh er Bücher aus und verbrachte, soweit es das Wetter zuließ, die Zeit draußen und las.
Sein letztes großes Projekt war Theodor Fontanes „Wanderungen durch die Mark Brandenburg".
Alle fünf Bände wollte er noch lesen.
Eines Morgens war Annemarie plötzlich in der Stadtbibliothek aufgetaucht und hatte ihrem verdutzten Mann erklärt, dass sie

nicht länger mit ansehen wolle, wie er seine Zeit mit Lesen vergeudete.
Er verstand nicht, was sich hinter Annemaries Protest wirklich verbarg. Es hatte eine Weile gedauert, bis er begriff, dass sie noch nicht zum alten Eisen gehören und noch was erleben wollte, solange die Gesundheit mitspielte. Sie wollte aktiv sein, die Welt bereisen, wofür ihnen früher die Zeit oder das Geld fehlte.
Er hatte als Schlosser im Traktorenwerk gearbeitet und Annemarie war Erzieherin im werkseigenen Kindergarten gewesen.
Siegfried stand nun vor einem großen Problem, denn er teilte ihre Unternehmungslust nicht. Er wollte in Ruhe und am liebsten zu Hause seinen Lebensabend verbringen. Ihn zog es nicht hinaus in die unbekannte Welt.
Je mehr er sich dagegen wehrte, dass seine Frau ihn immer mehr vereinnahmte, desto weniger Zeit hatte er für sich und seine Bücher. Bis zu jenem Tag vor zwei Wochen.
Siegfried trat in den schmalen, langgezogenen Garten. Eine hohe Hecke zu beiden Seiten schirmte die Blicke der Nachbarn ab.
Heute steckte er seinen Kopf durch eine Lücke in der Hecke und rief nach Kurt, seinem Nachbarn, der seit Jahrzehnten neben ihm wohnte.
Er war früher Polizist in Erfurt und selten zu Hause gewesen. Viele Jahre hatten Siegfried und er sich nur gegrüßt. Doch seit Annemarie nicht mehr bei ihm war, hatte sein Nachbar ihn schon des Öfteren auf ein Bier in seinen Garten eingeladen.
Bier gehörte zwar nicht zu seinen Lieblingsgetränken, dennoch hatte er es nicht übers Herz gebracht, ihn vor den Kopf zu stoßen. Vielleicht würde sich dies heute auszahlen, denn er hatte eine große Bitte an ihn.
„Kurt, bist du da?“, rief er durch die Zweige hindurch.

„Wo soll ich denn sonst sein. Komm rüber, ich hole uns mal ein kühles Bier."
Siegfried zwängte sich durch die Lücke in der Hecke. Es war gegen Mittag und eigentlich zu früh für Alkohol, zumal der Gerstensaft ihm immer so schnell in den Kopf stieg. Aber er wollte sich nicht lumpen lassen und setzte sich auf einen der zwei Campingstühle auf Kurts Veranda.
„Wo drückt denn der Schuh?", fragte Kurt, als er ihm ein kaltes Bier reichte, dessen Kronkorken er bereits entfernt hatte.
Siegfried holte tief Luft. Er wusste nicht, wo er anfangen sollte. „Du weißt doch, Annemarie ist vor zwei Wochen ausgezogen. Glaubt, ein neues Leben anfangen zu müssen." Siegfried schüttelte den Kopf. „Dabei hat sie vergessen, dass sie bereits über siebzig Jahre alt ist."
Kurt stieß mit Siegfried an. „Prost!"
Einen Augenblick schaute Kurt nachdenklich über seinen frisch gemähten Rasen. Es war so still, dass sie das Plätschern des schmalen Leinakanals hören konnte, der hinter ihren Gärten entlang floss.
„Tja, Siegfried. Da denkt man, man kennt den Menschen, der einem ein Leben lang so nahe steht und dann auf einmal...peng. Weg ist er. Oder in deinem Fall...weg ist sie."
Siegfried gab ihm recht.
„Ich muss zugeben, dass das Alleinsein schon eine Umstellung ist. Als wäre das alles nicht schlimm genug, machen mir im Moment drei Damen das Leben schwer. So langsam haben sie den Bogen überspannt."
„Du meinst die Kegelschwestern deiner Frau?"
„Ja. Sieh mal. Der Zettel lag heute morgen in meinem Briefkasten. Auch wenn er nicht unterschrieben ist, weiß ich, dass Adel-

heid dahinter steckt. Besser gesagt, die drei Damen zusammen, das ist so klar wie Kloßbrühe."

Kurt nahm den Zettel entgegen und faltete ihn auseinander.

„Gib es endlich zu, du hast deine Frau umgebracht!"

Siegfried wartete auf Kurts Reaktion. Dieser faltete den Zettel wieder ordentlich zusammen und gab ihn Siegfried zurück.

Grinsend fragte er: „Und? Hast du es getan?"

„Lass den Unsinn, Kurt. Natürlich nicht. Das Problem ist nur, dass Annemaries Freundinnen mir nicht glauben, weil sie sich noch nicht bei ihnen gemeldet hat."

„Na, du weißt doch, wer solche Freunde hat, braucht keine Feinde. Aber mal im Ernst. Hat sie nie angedeutet, wo sie am liebsten ihren Lebensabend verbringen würde?"

Siegfried schüttelte den Kopf und trank einen kleinen Schluck Bier.

"Meinst du nicht, dann wäre ich längst hinterher gefahren und hätte ihr klargemacht, dass sie sich kindisch benimmt?"

Kurt erhob sich und nahm seine leere Bierflasche in die Hand.

„Willst du auch noch ein Bier?"

Siegfried zeigt ihm seine halbvolle Flasche. „Nein, danke!"

Kurt verschwand im Haus und als er kurz darauf wieder auf die Veranda trat, blieb er stehen und schaute in den Himmel.

Die Sonne begann sich durch eine dicke Wolkendecke zu quälen.

„Und was glaubst du, kann ich für dich tun?"

„Ich dachte, du hast doch bestimmt noch Kontakt zu alten Kollegen, die noch im Dienst sind. Ich frage mich, ob nicht mal ein Kollege mit den drei Damen reden könnte. Ich finde, dass sie langsam eine Grenze überschreiten."

Siegfried schaute flehend zu Kurt.

„Naja, eigentlich kann auch die Polizei nichts tun. So lange sie nicht mit Mord drohen oder dir nachweislich Schaden zufügen."

Siegfried war enttäuscht. Er hatte geglaubt, dass Kurt ihm helfen könnte. Resigniert trank er sein Bier in einem Zug leer.
Schade, dachte er bei sich, als Kurt meinte:
„Also gut, ich werde mal sehen, was ich tun kann. Aber versprechen kann ich nichts. Ich lehne mich aber auch nur so weit aus dem Fenster, weil Annemarie und du seit ewigen Zeiten meine Nachbarn seid und wir immer gut miteinander ausgekommen sind."
Siegfried erhob sich, klopfte Kurt erleichtert auf die Schulter.
„Danke!"

*

Siegfried verstand die Welt nicht mehr.
Nach seinem Gespräch mit Kurt hatte er eine Woche lang Ruhe gehabt. Ohne Unterbrechung und ohne sich Gedanken über Annemaries Kegelschwestern machen zu müssen, hatte er Fontanes „Wanderung durchs Oderland" zuende gelesen. Doch dann war, wie aus dem Nichts, Irmtraud vor ein paar Tagen vor der Metzgerei Luck in der Südstraße aufgetaucht.
„Hallo Siegfried. Das mit dem Verschwinden von Annemarie ist wohl ein weites Feld, darüber zu reden wäre zu müßig. Wir alle müssen nun nach vorne schauen. Wusstest du eigentlich, dass mich meine Mutter eigentlich Mathilde taufen wollte?"
Siegfried hatte sie verwirrt angeschaut und war erstaunt über die Wendung in ihrer Ansicht über Annemaries Verschwinden. „Du weißt doch, Mathilde, wie bei Fontane, Mathilde Möhring, die Romanfigur!"
Siegfried wusste darauf keine Antwort. Er konnte Irmtrauds kindisches Verhalten nicht einordnen, als sie anfing zu kichern und seinen Lieblingsautoren erwähnte.
Bestimmt hatte Annemarie ihn bei einem ihrer Treffen im Keglerheim erwähnt und sich über seine Lesewut beschwert.

Siegfried wollte diese merkwürdige Begegnung schon abhaken, als Irmtraud einen Tag später in der Bäckerei Salomon hinter ihm in der Reihe stand und ihm leise ins Ohr flüsterte:
„Siegfried, wusstest du eigentlich, dass die eine Verkäuferin Jenny heißt? Jenny, wie bei Fontane, Jenny Treibel, die Romanfigur!"
Und wieder kicherte Irmtraud so komisch. Verfiel sie allmählich dem Wahnsinn?
Mit Irmtraud alleine wäre er sicher fertig geworden. Er hätte sich einfach seine Einkäufe bequem nach Hause liefern lassen können, doch statt einem Zettel, brachte Adelheid nun jeden Montag, Mittwoch und Freitag etwas zu Essen bei ihm vorbei. Sie klingelte so lange bis er endlich die Tür öffnete. Wenn er die Klingel abstellte, klopfte sie an die Fensterscheibe, um sich bemerkbar zu machen.
Stets war es ein Gericht mit Birnen. Birnenauflauf, Birnenkompott, Schokoladenkuchen mit Birnen. Und immer, wenn sie ihm das Essen überreichte, kicherte sie genauso merkwürdig, wie ihre Freundin Irmtraud und ließ immer wieder die gleiche Bemerkung fallen:
„Hier Siegfried. Die Früchte habe ich unterm Birnbaum gefunden!"
Er hatte versucht, Adelheid aus dem Weg zu gehen. Trat er jedoch aus dem Haus, dann stieß er regelmäßig mit Irmtraud zusammen, die ständig urplötzlich auftauchte und ihn auf Namensgleichheiten von Romanfiguren aus Fontanes Romanen und Erzählungen aufmerksam machte.
Siegfried hielt das nicht aus. Annemaries Kegelschwestern schienen ihm an jeder Ecke aufzulauern.
Trotz Schlaftabletten hatte Siegfried seit drei Tagen nicht mehr schlafen können. Grund dafür war Gerhild, die jeden Abend vor

seinem Fenster an der Straße stand und das Gedicht „ Herr Ribbeck auf Ribbeck im Havelland“ rezitierte. Eines Morgens, als er mit verquollenen Augen, ohne Schlaf und mit übersäuerten Magen vorm Spiegel stand, beschloss er dem ganzen Theater ein Ende zu setzen.
Ohne lange zu überlegen ging er zu seinem Nachbarn Kurt. Als er nach dem Klingeln an der Haustür auftauchte, zog Siegfried ihn am Ärmel und befahl:
„Kurt, komm mit.“
Kurt folgte ihm in den Garten. Erst dort ließ Siegfried den Ärmel seines Nachbarn los und erklärte:
„Ich kann nicht mehr. Annemaries Kegelschwestern treiben mich in den Wahnsinn.“
„Und was kann ich dagegen tun?“, fragte Kurt ungläubig.
Siegfried zeigte auf einen Rosenbusch am Ende seines Gartens.
„Hol deine Kollegen, sie sollen dort buddeln.“
„Was? Was ist denn da?“
„Annemarie liegt dort in der Erde. Sie hat mich einfach nie in Ruhe lesen lassen. Immer wollte sie etwas unternehmen. Sie von hinten die Kellertreppe hinunter zu stoßen, war nicht schwer. Sie wieder die Treppen hoch zu schleifen und zu vergraben, jedoch schon.“

Als Siegfried nach einem ersten Geständnis zum Streifenwagen geführt wurde, sah er Annemaries Kegelschwestern nebeneinander auf dem Fußweg stehen. Alle drei Damen hoben den Daumen hoch. Siegfried drehte sich um und sah Kurt, der den Frauen zunickte.
Als er Siegfrieds Blick bemerkte, hob er entschuldigend die Schulter.
„Tut mir leid, aber Annemarie wäre nie für immer weggegangen

ohne sich von ihren Freundinnen und mir zu verabschieden. In unserem Alter hat man nicht mehr viele Bekannte und Freunde. Und außerdem, einmal Polizist, immer Polizist."

Freizeittipps

○ GARTENSTADTSIEDLUNG „AM SCHMALEN RAIN"

Die hufeisenförmige Gartenstadtsiedlung „Am schmalen Rain" befindet sich in Gothas Süden und ist ein Beispiel für den Genossenschaftsbau der 1920er Jahre. Im Februar 1927 erfolgte der erste Spatenstich und im September des gleichem Jahres fand ein Richtfest statt, auf dem der damalige Oberbürgermeister Scheffler die Straßennamen zum Siedlungsgebiet bekannt gab.
Den Namen hat die Siedlung von ihrer Eingangsstraße.
Weitere Informationen unter:
Gemeinnützige Wohnungsbaugesellschaft der Eisenbahner e.G.
Südstraße 69
99867 Gotha
Tel.: 03621/ 744770 oder unter www.gwg-eisenbahner-gotha.de

○ ORANGERIE | Friedrichstraße 6-8

Die Orangerie ist eine zum Schloss Friedenstein gehörende Parkanlage, die im 18. Jahrhundert im Auftrag von Herzog Friederich III von Sachsen-Gotha-Altenburg angelegt wurde.
Ziel der Orangerie war und ist die Sammlung, Aufzucht und Präsentation exotischer Pflanzen.
Einst sollen fast 3000 Kübel mit Lorbeer, Zitronen, Feigen und Annanaspflanzen in der Anlage, entlang der Rasenflächen präsentiert worden sein. Das heutige Orangenhaus und das Lorbeerhaus dienen ausschließlich für Veranstaltungen.

Im nördliche Treibhaus finden ausschließlich Sonderführungen statt. Die Gartenanlage ist ganzjährig zugänglich. Führungen gibt es auf Anfrage. Das prunkvolle, dreiflügelige Eingangstor zur Anlage wurde eigens für die Orangerie um 1734 angefertigt. Am dritten Adventswochenende findet der zweitägige Orangerieweihnachtsmarkt hinter dem Lorbeerhaus auf dem Gelände des einstigen Kaffeegartens statt.

Weitere Informationen unter:

„Orangerie-Freunde" Gotha e.V.
c/o Schlossverwaltung
Schloss Friedenstein
99867 Gotha
Tel.: 0179 / 3235528 oder www.orangerie-gotha.de

❍ KEGLERHEIM UND BOWLINGCENTER GOTHA

Goldbacher Straße 28

Seit 1962 betreibt die Familie Jäger dieses Lokal.

Das Center bietet auf sechs Bowlingbahnen und vier Kegelbahnen Spaß für die ganze Familie.

Außerdem stehen den Gästen vier Billardtischen und drei Dartautomaten zur Verfügung.

Ebenfalls sorgt eine Erlebnisgaststätte für das leibliche Wohl seiner Gäste.

Öffnungszeiten:

Montag und Sonntag	Ruhetag
Dienstag-Donnerstag	von 16:00 Uhr bis 23:00 Uhr
Freitag und Samstag	von 16:00 Uhr bis 02:00 Uhr

Weitere Informationen unter:

Tel.: 03621/853410 oder www.bowling-center-gotha.de

❍ SCHLOSS FRIEDRICHTHAL

Das Schloss wurde als Sommerpalais für Herzog Friedrich II. von Sachsen-Coburg-Gotha im Jahre 1708 errichtet.
Leider sind heute nur noch Reste, wie das Treppenhaus, von der barocken Ausstattung erhalten geblieben.
Das Schloss gehört der Stadt Gotha und kann am „Tag der offenen Tür“ und der „Gothaer Kulturnacht“ besichtigt werden.
Weitere Informationen unter:
Tourist-Information Gotha
Hauptmarkt 33
Tel.: 03621 / 510450 oder www.kulturstadt.de

❍ STADTBIBLIOTHEK „HEINRICH HEINE“

Friedrichstraße 2-4

Die Bibliothek befindet sich im wiedererrichteten Winterpalais in der Friedrichstraße und beherbergt die Erwachsenen- und Kinderbibliothek unter einem Dach.
Auf einer Fläche vom 1700 Quadratmetern und drei Etagen, können rund 60.000 Bücher/Medien ausgeliehen werden.
Öffnungszeiten:

Montag	geschlossen
Dienstag / Mittwoch / Freitag	von 10:00 Uhr bis 18:00 Uhr
Donnerstag	von 10:00 Uhr bis 19:00 Uhr
Samstag	von 10:00 Uhr bis 13:00 Uhr

Weitere Informationen unter:
Tel.: 03621 / 222670

Die Mutprobe

Schreiber braucht eine Weile bis er das Grab auf dem Gothaer Hauptfriedhof findet, das er seit zwanzig Minuten sucht.
Ilse Werner steht auf dem Grabstein. Ein Name, der sich seit seiner Kindheit tief in sein Gedächtnis eingebrannt hat. In den letzten vierzig Jahren seines Lebens ist er nicht vielen Menschen begegnet, die sein Leben beeinflusst haben. Schreiber geht es gut. Er ist zufrieden mit seinem Leben. Die kleine Todesanzeige in der Thüringer Allgemeinen und die Tatsache, dass sie bereits beigesetzt wurde, hat ihn am Morgen überrascht und für einen kurzen Moment aus der gewohnten Bahn seines Alltags geworfen.
Von einem Moment zum anderen und ohne,dass er etwas dagegen hätte unternehmen können, wurde er zurück in seine Kindheit versetzt. Er war nicht vorbereitet auf die Bilder, die in ihm aufstiegen und sich vor seinem geistigen Auge breitmachten.
Er hatte niemandem, auch nicht seiner Frau Anika, von seiner Kindheit erzählt. Es hatte ihn auch niemand danach gefragt. Anika war der Ansicht, wenn es etwas zu erzählen gäbe, würde er es tun.
Daher hatte es sie auch nicht überrascht, als er ihr erklärte, dass er auf den Friedhof wolle, um ein Grab zu suchen. Er hatte gefragt, ob sie mitkommen würde und sie hatte eingewilligt.
Nun steht er vor ihrer letzten Ruhestätte. Anika sitzt wenige Meter von ihm entfernt, auf einer Bank. Er weiß, dass sie ihn beobachtet, ihm aber keine Fragen stellen würde, bevor er ihr nicht von alleine erklärte, um wessen Grabstelle es sich handelte.
Von irgendwoher hört er ein Klingeln. Das Klingeln eines Handys nimmt er an. Es ähnelt ein wenig der Pausenklingel, damals in der Schule. Und ohne es zu wollen, fühlt er sich zurück

an jenen Tag versetzt, der so trostlos begonnen hatte und voll Hoffnung zu Ende ging.

*

Das Läuten der Pausenklingel signalisiert das Ende der letzten Schulstunde für den heutigen Tag.
Wie all seine Klassenkameraden verlässt auch Jens Schreiber den Klassenraum. Doch er stürmt nicht wie die anderen Jungen und Mädchen über den langen Flur zur Treppe, um endlich das Gebäude zu verlassen und dem lang ersehnten Sommerwochenende entgegen zu rennen.
Langsam geht er Stufe für Stufe hinunter. Er hat keine Eile, denn ihn erwartet kein aufregendes Wochenende. Es liegt ein Wochenende vor ihm, das sich durch nichts von all den anderen Wochenenden unterscheidet. Seine Eltern werden arbeiten und er wird allein zu Hause die Zeit totschlagen.
Jens tritt aus dem Schulgebäude und verharrt einen Moment auf der obersten Stufe des Treppenabsatzes und sieht Udo mit zwei Jungen am Zaun des Schulhofs stehen. Sie haben die Köpfe zusammen gesteckt. Jens vermutet, dass sie aufregende Pläne fürs Wochenende schmieden. Der Anblick, wie Udo so vertraut mit den anderen beieinander steht, versetzt ihm einen Stich ins Herz. Schon so lange wünscht er sich, zu der kleinen Gruppe dazu zu gehören, deren „Anführer" Udo Seifert ist. Udo geht in eine der Klassen über Jens.
Jens entgehen in letzter Zeit auch nicht die schmachtenden Blicke der Mädchen, die Udo unverholen anhimmeln. Er sieht, wie Holger, der neben Udo steht, diesem kopfnickend beipflichtet. Nicht zum ersten Mal wundert er sich, wie dieser kleine, pickelige Junge es geschafft hat, dass Udo ihn in seine Nähe lässt.
Steffen vermutet, dass Holger sich die Mitgliedschaft in der

Gruppe mit seinem Taschengeld erkauft, das er Udo jeden Monat zusteckt.

Jens geht über den Schulhof und steuert auf das Schultor zu. Niemand, weder Udo, noch Steffen oder Holger nehmen Notiz von ihm. Für die drei ist er nicht mehr als ein Lufthauch, der an ihnen vorbeizieht. Unsichtbar.

Auch wenn es ihm fast das Herz bricht, muss er für sich akzeptieren, dass er niemals zu ihnen gehören wird. So sehr er sich auch danach sehnt.

Plötzlich vernimmt Jens Udos Stimme hinter sich.

„Hey Schreiber, warte doch mal!"

Jens zuckt zusammen. Dieser eine Satz setzt ihn förmlich unter Strom. Noch nie hat Udo ihn mit Namen angesprochen oder sonst irgendein Wort, geschweige denn einen ganzen Satz, an ihn gerichtet.

Jens bleibt stehen, noch immer unsicher, ob Udo wirklich ihn gemeint hat.

Er dreht sich langsam um und sieht, wie Udo ihn lächelnd und zu sich winkt.

„Was er wohl von mir will", fragt er sich.

Sein Herz beginnt schneller zu schlagen, rast förmlich. Seine Atmung gerät ins Stolpern und er merkt, wie Hitze in seinem Kopf steigt. Bloß das nicht. Nicht auch noch Rot werden.

„Hol tief Luft und atme gleichmäßig", versucht er sich selbst zu beruhigen. „Behalte einen klaren Kopf", ermahnt er sich, bevor er kehrtmacht und auf Udo zugeht.

Er weiß, dass alles passieren kann. Vielleicht wollen sich die Jungs auch nur über ihn lustig machen.

„Was gibt es denn?", fragt Jens so gelassen wie es ihm sein rasender Puls ermöglicht und schaut auf seine Armbanduhr, als hätte er noch einen Termin und eigentlich keine Zeit für Udos Anliegen.

Als Jens vor den dreien stehen bleibt, grinsen diese ihn zurückhaltend an. Jens mutmaßt, dass Steffen und Holger bereits wissen, was jetzt kommt.
Udo legt ihm die Hand auf die Schulter:
„Sag mal Schreiber, hast du Lust Mitglied in unsere Gruppe zu werden?"
Jens spürt Udos Hand, die immer noch auf seiner Schulter ruht. Eine Geste, die Jens mehr als überrascht und eine Nähe signalisiert, die ihn ein wenig mit Stolz erfüllt.
Doch eine Stimme aus den Tiefen seines Inneren steigt empor und warnt ihn im selben Augenblick. „Nichts im Leben passiert einfach so", mahnt ihn die Stimme. Jens zögert. Er weiß nicht, wie er auf dieses verlockende Angebot reagieren soll. Er wünscht sich nichts sehnlicher als das. Endlich zu den dreien dazu zu gehören. Endlich Mitglied in Udos Clique zu sein. Jens nickt vorsichtig. Er traut der Situation nicht.
Er nimmt all seinen Mut und seine Kraft zusammen und versucht so gelassen, wie möglich, zu antworten:
„Lust schon, doch wo ist der Haken?"
Udo wischt mit einer lässigen Handbewegung seinen Einwand weg.
„Da gibt es keinen Haken. Allerdings..."
Jens schaut Udo direkt in die Augen und hält seinem Blick stand. Jens weiß, dass Udo den Satz absichtlich nicht beendet hat. Er fragt sich, ob er ihn zappeln lassen oder nur seine Überlegenheit demonstrieren möchte. Vielleicht will er, dass Jens nachfragt, doch den Gefallen tut er ihm nicht.
Udo hebt gelassen die Schultern, räuspert sich und erklärt:
„Allerdings muss sich jedes neue Mitglied einer Mutprobe unterziehen."
Jens weiß nicht, was er sagen soll.

„Wenn du keine Lust hast, dann..."
Wieder beendet Udo den Satz nicht, provoziert eine Reaktion von Jens, der weiß, dass er endlich reagieren muss, bevor Udo das Interesse an ihm verliert.
„Was soll das für eine Mutprobe sein?", fragt er in die Runde.
Nun meldet sich Holger zu Wort.
„Wir treffen uns morgen früh um neun Uhr im Biergarten vom Gemeinschaftshaus in der Goldbacher Siedlung."
Udo nickt beipflichtend und ergänzt:
„Dort wirst du erfahren, worum es bei der Mutprobe geht."
Udo nimmt die Hand von Jens Schulter und nickt ihm aufmunternd zu.
„Aller klar? Bist du bereit dazu?"
Jens nickt erneut und erklärt den Dreien, dass er pünktlich im Biergarten sein wird.
Die drei heben grüßend zum Abschied die Hand, drehen sich um und gehen, Jens am Schultor zurücklassend, davon.
Jens schaut ihnen nachdenklich hinterher. Er weiß nicht, was er von der ganzen Sache halten soll. Wie waren sie so plötzlich auf ihn gekommen? Er hatte weder Steffen, Holger noch Udo jemals signalisiert, dass er zu ihnen gehören will. War das ein Wink des Schicksals?
Jens macht sich grübelnd auf den Heimweg.
Immer wieder schüttelt er skeptisch den Kopf. Konnte es wirklich möglich sein, dass in Erfüllung ging, wonach er sich so lange sehnte. Wenn ja, warum vermutete er einen Haken bei der ganzen Sache? Warum konnte er sich nicht einfach freuen? Lag es daran, dass es an eine Bedingung geknüpft war, dass er nichr wusste, welche Art Mutprobe er zu bestehen hatte?
Als Jens in den Behringer Weg einbiegt und von weitem sein Elternhaus erblickt, beschließt er, die Sache auf sich zukommen zu

lassen. Er zwingt sich dazu, seine Zweifel beiseite zu schieben. Was sollte schon passieren? Eines war jedenfalls schon jetzt sicher: es würde keines dieser langweiligen Wochenenden werden. Morgen früh würde er den Weg für den Eintritt in Udo Seiferts Gruppe gewiesen bekommen. Er war seinem Traum noch nie so nahe gewesen und würde den Teufel tun, diese Chance nicht zu nutzen.

*

Jens schreckt hoch und schaut mit klopfendem Herzen auf seinen Wecker. Er hat verschlafen. Es ist 8:45 Uhr. In 15 Minuten muss er im Biergarten sein.
Er darf nicht zu spät kommen, geht es ihm wie ein Mantra durch den Kopf, während er aus dem Bett springt, eine Hose und einen dünnen Pullover hastig über den Schlafanzug zieht. Er würde viel zu dick angezogen sein, doch das ist im Moment sein geringstes Problem. Seine Eltern sind zum Glück längst aus dem Haus. Es ist still, nur seine aufgeregte Atmung ist zu hören.
Schnell fährt er sich mit den Fingern durch sein strubbeliges Haar, versucht wenigstens auf seinem Kopf eine gewisse Ordnung herzurichten.
Hecktisch schlüpft er in die Schuhe, nimmt im Gehen den Haustürschlüssel vom Haken neben der Eingangstür und verlässt das Haus.
Der Weg zum Biergarten ist nicht weit, doch es wäre ihm lieber gewesen, nicht so abgehetzt zum Treffen zu erscheinen. Udo könnte sonst noch glauben, dass er es kaum erwarten konnte, endlich zu erfahren, was für einen letzten Schritt er noch zu gehen hatte, um endlich zu ihm und seinen Jungs zu gehören.
Als Jens wenige Minuten später im Biergarten eintrifft, ist es kurz vor Neun. Die drei Jungs sind wohl schon länger da. Sie sit-

zen im hinteren Teil des Biergartens und jeder hat ein Glas Limonade vor sich stehen. Jens geht langsam auf sie zu und erst in dem Moment als er neben Udo stehen bleibt, nehmen sie Notiz von ihm.
Udo weist auf den freien Platz neben sich.
„Setz dich. Willst du was trinken?“
„Nein, im Moment nicht!“, antwortet Jens, dem die Vorstellung von kalter Limonade auf leeren Magen nicht behagt.
„Na? Bist du aufgeregt?“, will Holger wissen. Steffen kommt ihm mit einer Antwort zuvor:
„Klar! Wäre doch jeder an seiner Stelle!“
Jens ist versucht, Steffen und Holger zu fragen, was für eine Mutprobe sie zu bestehen hatten, doch er will nicht neugierig wirken oder den Anschein erwecken, als wolle er von sich ablenken. Ihm ist klar, dass es heute um ihn geht, Jens Schreiber, der, wenn alles klappt, bald schon zu ihnen gehören wird. Dann würde es nie wieder ein langweiliges Wochenende geben. Er hätte Freunde, an die er sich jederzeit wenden, mit denen er die Zeit vertrödeln und Geheimnisse teilen könnte. Vielleicht würde Udos Beliebtheit in der Schule auch ein wenig auf ihn, dem bis dato unscheinbaren Jens Schreiber, abfärben. Vielleicht würden ihm die Mädchen bald auch schmachtende Blicke hinterher werfen oder wenigstens eine von ihnen sich mit ihm zum Eisessen verabreden.
Wieder spürt Jens Udos Hand auf der Schulter.
Jens dreht sich zu ihm um und schaut ihn abwartend an.
„Also, Schreiber. Heute ist dein großer Tag. Wenn du deine Sache gut machst, wovon wir drei ausgehen, dann gehörst du bald zu uns.“
Udo klopft ihm freundschaftlich auf die Schulter.
Mit einem Nicken gibt er Holger und Steffen zu verstehen, dass

er jetzt mit Jens alleine reden will. Er erhebt sich von der Bank und zeigt auf einen Baum, der am Rande des Biergartens steht. „Lass uns die Sache unter vier Augen bereden.“
Jens erhebt sich ebenfalls und folgt ihm. Holger und Steffen bleiben sitzen und halten beide den Daumen nach oben.
Udo lehnt sich lässig an den Stamm des Baumes und schaut hinauf in das Blätterdach über ihnen, bevor er Jens ernst anschaut. „Eigentlich ist die Sache ganz einfach. Du kennst doch die alte Frau Werner. Ihr seid ja fast Nachbarn.“
Natürlich kennt Jens Frau Werner. Sie wohnt zwei Häuser von ihm entfernt in einem kleinen Häuschen. Vor etwa einer Woche ist ihr Mann gestorben. Frau Werner ist achtundsechzig Jahre alt.
Vor ein paar Jahren hat sie stundenweise in einem Supermarkt gearbeitet. Sie hat die Regale befüllt und an einem dieser Tage muss es auch gewesen sein, als sie Udo beim Klauen von einer Flasche Nordhäuser Doppelkorn erwischt hatte. Die Sache sprach sich in der Schule schnell herum. Jens hatte sogar mitbekommen, dass Udo sich mächtig darüber aufregte, dass sie ihn verpfiffen hatte.
Udos Stimme reißt Jens aus seinen Gedanken.
„Normalerweise müsste sie jetzt auf dem Wochenmarkt in der Stadt sein. Und deine Mutprobe besteht darin, in ihr Haus zu gehen und mir ihre silberne Kette mit dem Herzanhänger zu holen. In dem Moment, in dem du mir die Kette übergibst, bist und bleibst du einer von uns. Ist doch keine schwere Aufgabe, oder?“
Jens steht da wie versteinert. Erst ganz langsam dringt Wort für Wort von Udos Auftrag in sein Bewusstsein.
Udo kann unmöglich von ihm wollen, dass er in das Haus von Frau Werner einbricht. In das Haus der Frau, die ihn als Dieb entlarvt und damit seine Unfehlbarkeit infrage gestellt hat.

Jens nickt geistesabwesend. Obwohl er ein komisches Gefühl allein schon bei dem Gedanken hat, Udos Racheengel zu spielen, wird ihm bewusst, dass er keine andere Wahl hat, will er zu ihnen gehören.
„Wann soll die Sache steigen? Jetzt gleich?"
„Ja, am Besten nutzt du ihre Abwesenheit aus. Sie wird den Schmuck in irgendeiner Schatulle haben, so wie alle Frauen.", mutmaßt Udo. Sicher ist er sich da aber auch nicht.Wie auf ein Geheimzeichen hin, kommen Steffen und Holger auf sie zu und jeder von ihnen klopft Jens auf die Schulter.
„Na? Alles klar? Kann die Sache jetzt steigen? Umso schneller du es hinter dich bringst, desto früher können wir deinen Einstand feiern."
„Und dann wird aber nicht mit Limonade, sondern mit richtigem Stoff, der es so richtig in der Birne krachen lässt, angestoßen."
„Dann lasst uns mal los gehen!", drängt Udo zum Aufbruch und gesellt sich auf dem Weg zu Frau Werners Hau an Jens Seite.
„Wir werden auf der gegenüberliegenden Straßenseite auf dich warten. Wir haben die Straße im Blick, für den Fall, dass die alte Werner zurückkommt."
Ein paar Meter vor dem Haus bleiben Udo und die Jungs stehen. Holger zeigt auf das Haus.
„Nimm den Weg über den Garten. Sie lässt ab und an die Verandatür offen stehen."
Jens nickt dankbar, will aber nicht wissen, woher Holger diese Information hat.
Zum ersten Mal ist Jens froh, dass seine Eltern am Wochenende arbeiten müssen.
Seine Schlafanzughose klebt mittlerweile unter der Jeans an seinen Beinen. Er spürt einen dünnen Schweißfilm auf der Stirn, als

er hinter das Haus schleicht und über die kurz gemähte Rasenfläche geht.
Tatsächlich steht die Verandatür einen spaltbreit offen. Vorsichtig drückt er sie auf, lauscht, doch aus dem Inneren des Gebäudes ist kein Laut zu hören. Mit angehaltenem Atem betritt er das fremde Haus, in dem er noch nie gewesen ist.
Er steht in einem Raum, der als Bibliothek eingerichtet ist. An allen drei Wänden stehen deckenhohe Regale. Ein alter Ledersessel und ein kleines Tischchen daneben nehmen die Mitte des Raumes ein. Bücher über Bücher reihen sich auf den Regalbrettern aneinander. Jens ist fünfzehn Jahre alt und er fragt sich in diesem Moment, ob sein Leben ausreichen würde, all diese Bücher einmal zu lesen.
Als er merkt, wie seine Gedanken vom eigentlichen Grund seines Hierseins abschweifen, ruft er sich zur Ordnung, durchquert den Raum und steuert auf die geschlossene Tür zu.
Er öffnet sie und tritt in den Flur, von dem aus auf beiden Seiten je zwei Türen abgehen. Er wünscht sich, er hätte einen Plan von den Räumen, die sich hinter den Türen verbergen.
Er geht ein paar Schritte durch den Flur, wendet sich nach rechts, entscheidet sich für die zweite Tür und drückt leise die Klinke nach unten.
Im ersten Moment schaut er in völlige Dunkelheit. Schwere Vorhänge sind vor dem Fenster zusammengezogen und sperren das Tageslicht aus. Im nächsten Moment nimmt er auf einem runden Tisch einen Leuchter mit zwei brennenden Kerzen wahr, der den Raum in ein schummriges Licht taucht. Als sich seine Augen an die Umgebung gewöhnt haben, erkennt er auch eine Gestalt, die auf einem Stuhl am Tisch sitzt, in deren Augen, die erschrocken auf ihn gerichtet sind, sich das Licht der Kerzen widerspiegelt.
„Jens? Was machst du hier? Wie bist du hier rein gekommen?“

Es ist Frau Werner, wie er an der Stimme erkennt.
Der Anblick, der sich ihm bietet, lässt ihm einen kalten Schauer über den Rücken laufen. Warum sitzt die Frau in einem abgedunkelten Raum und verbannt das Tageslicht? Irgend etwas stimmt hier nicht, doch er kann den Grund dafür nicht ausmachen.
„Die Verandatür stand offen", murmelt er schuldbewusst.
„Hat dich deine Mutter geschickt?"
Jens schüttelt den Kopf. Allerdings kann er ihr unmöglich von Udo, Holger und Steffen erzählen. Auch wenn er noch nicht zu ihnen gehört, will er nicht gegen die Regel verstoßen. Seine Freunde verpfeift man nicht.
„Haben Sie all die Bücher, in dem Raum da hinten, gelesen?", fragt er in der Hoffnung, von sich abzulenken.
Sein Plan, in aller Ruhe nach ihrer Kette mit dem herzförmigen Anhänger zu suchen, hat sich bereits in Luft aufgelöst. Was soll er nur machen?
Fieberhaft sucht er nach einem Ausweg aus dieser misslichen Lage.
„Nein, mein Mann hat viele der Bücher gelesen. Er hat sie gesammelt. Er war Buchhändler und hat viele Jahre in der Buchhandlung Euchler in der Waltershäuser Straße gearbeitet. Aber das ist schon lange her."
Ilse Werner starrt vor sich hin. Für einen Moment meint Jens, sie hätte ihn vergessen. Doch dann hebt sie den Kopf und fragt:
„Warum willst du das wissen?"
Jens holt tief Luft. Er schaut sie an und weiß, dass das, was er jetzt sagt, wohl das Einzige sein wird, das
nicht gelogen ist.
„Ich habe mich gefragt, ob man es schafft in einem Menschenleben all diese Bücher zu lesen?" Jens dreht sich um, als könne er von seiner Position aus das Bücherregal überblicken.

„Wie viele sind es?"
Die Frau hebt die Schultern.
„Ich habe sie nie gezählt. Ich denke, über tausend Bücher werden es schon sein."
Jens nickt anerkennend, als sich plötzlich der Ton ändert.
Ihre Stimme bekommt etwas Ungeduldiges, als hätte sie noch Wichtigeres vor und wünschte, dass er endlich wieder gehen würde.
„Warum bist du hier? Wegen den Büchern sicher nicht!"
„Nein.", antwortet Jens, der von einem Bein aufs andere tritt, als müsse er dringend zur Toilette. Er wägt ab, ob er ihr von der Mutprobe erzählen soll.
Was, wenn er sie um die Kette bitten würde, denkt er.
Als hätte sie seine Gedanken erraten, greift sie sich an den Hals, und lässt die Kette durch ihre Finger gleiten. Gedankenverloren streicht sie über das silberne, herzförmige Amulett.
Jens kann seinen Blick nicht abwenden. Er starrt sie regelrecht an.
„Nun sag schon, was führt dich hierher? Du bist doch nicht einfach aus Langeweile in mein Haus eingedrungen."
Ihre Worte reißen ihn aus seinen Gedanken und machen ihm schlagartig bewusst, was er in ihren Augen ist, ein Eindringling. Dieser Gedanke erschreckt ihn zutiefst und löst das Bedürfnis in ihm aus, dass er ihr alles gestehen muss.
Plötzlich dringen von der Straße her Stimmen in den Raum. Er hört Steffens Stimme, dann Holgers. Sie sind auf der Straße vorm Haus. Ilse Werner dreht sich zum Fenster und schaut durch den schmalen Schlitz im Vorhang nach draußen. Jens ist sich nicht sicher, ob sie einen der Jungs erkennen kann.
„Hat dieser Udo dich geschickt? Es würde mich nicht wundern. Wundern würde mich allerdings, wenn du nach seiner Pfeife

tanzt. Du bist doch schlau genug, um zu wissen, dass er keinen guten Einfluss auf die Jungs in deiner Klasse hat."

Ihre Worte lassen Jens aufhorchen. Was meint sie damit? Was weiß die alte Frau denn schon über Udo? Sie ist doch nicht seine Lehrerin. Nur weil er einmal gestohlen hat, glaubt sie ihn zu kennen und denkt, dass er ein schlechter Mensch ist?

Wut steigt in ihm hoch. Am liebsten würde Jens ihr die Meinung sagen. Ihr sagen, dass sie keine Ahnung habe, voreilig ihre Schlüsse ziehe und andere verurteile, die nicht frei von Fehlern sind.

Doch all die Worte bleiben ungesagt. Sie gehen ihm nicht über die Lippen. Was bleibt, ist seine Wut, die unvermittelt von Panik abgelöst wird. Ihm wird klar, wenn er jetzt nicht handelt, dann ist alles verloren.

Jens geht um den Tisch herum und noch bevor die alte Frau reagieren kann, beugt er sich zu ihr, greift blitzschnell nach der Kette um ihren Hals und wirft dabei nicht nur das auf dem Tisch stehende Wasserglas, sondern auch den Bilderrahmen um. Ilse Werner ist starr vor Schreck und schaut ihn mit großen Augen an, doch da hat er schon die Kette mit dem Anhänger ergriffen und ihr den Schmuck vom Hals gerissen.

Jens hält für einen Bruchteil einer Sekunde inne, zutiefst erschrocken über sein Handeln. Doch ein Zurück gibt es jetzt nicht mehr.

Er stürmt aus dem Zimmer. Ohne nachzudenken rennt er zur Tür am Ende des Flurs. Doch es ist nicht die Haustür, die er öffnet, um den kürzesten Weg aus dem Haus zu nehmen, es ist die Küche.

Irritiert kommt er vor der Spüle zum stehen und schaut aus dem darüber befindlichen Fenster. Er sieht, wie die Jungs fragend zu ihm rüberschauen. Kalter Schweiß bricht ihm aus und er be-

merkt, wie ihm übel wird. Ihm wird heiß und kalt, sein Puls dröhnt in seinen Ohren und ihm ist, als würde er die Kontrolle über seinen Körper verlieren.
Er sieht Udos irritierten Blick und hebt die Kette mit dem Anhänger in die Luft, als Zeichen, dass er es geschafft hatte. Doch da hört er die Stimme von Frau Werner.
Immer wieder ruft sie seinen Namen, als wisse sie, dass er sich in dem Haus verirrt hat. Jens schaut sich nach einem Fluchtweg oder einer Versteckmöglichkeit um. Er muss nachdenken. Und er hat plötzlich einen unbändigen Durst. Er drückt seinen schmächtigen Körper eng an die Wand hinter der Küchentür und greift nach der Flasche auf dem Küchentisch, öffnet sie mit zittrigen Fingern und setzt zum Trinken an. Der Schrei der alten Frau ist das Letzte, was er hört, bevor ihm schwindlig wird und seine Beine nachgeben.

*

Die Berührung einer Hand auf seiner Schulter holt ihn aus seinen Erinnerungen. Seine Frau steht neben ihm und schaut mit ihm auf den Grabstein. Er weiß, dass ihr weder der Name noch die Daten etwas sagen.
„Wer war Ilse Werner?“
„Eine Nachbarin. Von früher. Sie hat mir vor 30 Jahren das Leben gerettet und ich ihres.“ Plötzlich sprudeln die Worte nur so aus ihm heraus:
„Ich brach bei ihr ein, um ihr eine Kette zu stehlen. Das war eine Mutprobe, die ich unbedingt bestehen wollte. Ich dachte, sie sei nicht zu Hause. Sie saß in einem abgedunkelten Raum. Heute weiß ich, dass sie gerade dabei war, sich das Leben zu nehmen. Ihr Mann war gestorben und sie hatte ihm versprochen, dass sie ihm im Fall seines Todes folgen würde. An jenem Tag war sie

kurz davor, ihr Versprechen einzulösen. Sie hatte sich einen Cocktail aus giftigen Pflanzen angesetzt.
Als ich sie beraubte, stieß ich das Glas mit dem Gift und das Bild ihres Mannes auf dem Schreibtisch um. Als ich aus dem Haus fliehen wollte, landete ich versehendlich in der Küche. Panisch und durstig griff ich nach der Flasche auf dem Küchentisch. Ich wusste nicht, dass es die Flasche mit dem Gift war.
Sie hat mich gerettet. Den Notarzt gerufen.
Ich weiß nicht, was sie dem Notarzt und meinen Eltern erzählt hatte. Keiner hat mich je dazu befragt. Als sie mich am Abend des selben Tages am Krankenbett besuchte, erzählte ich ihr von der Mutprobe, von meiner Einsamkeit und dem Wunsch, Freunde zu haben.
Frau Werner gab mir zum Abschied die Kette mit dem Anhänger, die ich fallen gelassen hatte, als ich in der Küche ohnmächtig zusammenbrach. Ich wollte sie nicht an mich nehmen. Zu sehr schämte ich mich für mein Verhalten.
Frau Werner drängte sie mir förmlich auf, erklärte, ich solle sie, wie verabredet, Udo geben, um ihm zu beweisen, dass ich die Mutprobe bestanden hatte."
„Und? Hast du ihm die Kette gegeben?"
Jens öffnet seine Hand und gibt ihr den Blick auf eine angelaufene silberne Kette mit einem herzförmigen Anhänger frei.
„Ich hatte danach nicht mehr das Verlangen, ihm die Kette zu geben. Ich wollte nicht mehr zu ihm und den Jungs gehören.
Die Kette habe ich behalten, als Erinnerung an jenen Tag, der mein Leben veränderte. In Frau Werner fand ich jemanden, in dessen Nähe ich mich gern aufhielt. Außerdem erlaubte sie mir, wann immer ich Lust hatte, mir Bücher auszuleihen. Ich las ein Buch nach dem anderen. Erst vier Jahre später, als ihr das große Haus zu viel wurde, sie es verkaufte und zu einer Verwandten

nach Bremerhaven zog, hörte ich auf damit. Ich hatte nur einen Bruchteil ihrer Bücher gelesen. Den Rest hat sie mir geschenkt. Das war der Anfangsbestand meines Bücherantiquariats, das ich später eröffnet habe.

Eines habe ich in jenen Tagen begriffen: Freundschaft kann man sich nicht kaufen. Damals wusste ich nicht, dass mir nichts Besseres passieren konnte, als nicht zu Udo und den Jungs zu gehören."

Jens geht näher an das Grab und buddelt ein kleines Loch neben dem Grabstein, in das er die Kette hineinlegt.

„Siehst du...", sagt er an seine Frau gewandt und zeigt auf die Zahlen auf dem Grabstein.

„ Am Ende wurde sie in heimischer Erde beigesetzt und hat ihren Mann um dreißig Jahre überlebt."

Anika nickt und schaut ihn fragend an.

„Was ist aus den Jungs von damals geworden, zu denen du unbedingt gehören wolltest?"

Er holt tief Luft, als er ihr antwortet:

„Keiner von ihnen wohnt noch in der Gegend. Doch was aus ihnen geworden ist, weiß ich nicht."

Mit diesen Worten erhebt er sich und ergreift ihre Hand.

„Es wird Zeit."

Ein letztes Mal dreht er sich zum Grab um. Dann geht er mit seiner Frau den langen, kurvenreichen Weg vorbei an all den Gräbern und verlässt den Friedhof durch eine offen stehende Gittertür. Er weiß, dass er das Grab nie wieder besuchen wird. Das braucht er auch nicht, denn seine Erinnerungen an Frau Werner sind längst zu einem unauslöschlichen Teil seines Lebens geworden.

❍ WANDERTIPP ZUR GOLDBACHER SIEDLUNG

Ausgangspunkt einer gemütlichen Wanderung durch die Natur ist die Arnoldischule in der Eisenacher Straße.
Von dort aus geht es über die Sonnebornerstraße hinauf zum Gallberg und von dort hinein ins Tal zur Goldbacher Siedlung. Unterwegs kann man nicht nur die Landschaft, sondern auch einen herrlichen Blick auf das Schloss Friedenstein genießen.
Am Ziel der Wanderung angelangt, bietet das Traditionsgasthaus „Gemeinschaftshaus" die Möglichkeit auf eine Stärkung mit verschiedenen Speisen und Getränken.

❍ TRADITIONSGASTHAUS „GEMEINSCHAFTSHAUS"

Goldbacher Straße 44
Seit 1975 verwöhnt das Team um Familie Richter im Gasthaus, sowie in den warmen Jahreszeit im Biergarten seine Gäste mit einer kleinen, aber abwechslungsreichen Speise- und Getränkekarte.
Von Würzfleisch, Kartoffelspalten mit Kräuterschmand, verschiedenen Salaten bis hin zu einer Auswahl an Steakgerichten, ist für jeden Besucher bestimmt das Richtige dabei.
Öffnungszeiten:
Mittwoch bis Freitag
von 11:00 Uhr bis 14:00 Uhr und ab 17:00 Uhr
Samstag und Sonntag durchgehend ab 11:00 Uhr
Montag und Dienstag ist Ruhetag
Weitere Informationen unter:
Tel.: 03621 / 854409 und www.restaurant-g-haus.de

O BUCHHANDLUNG UND ANTIQUARIAT EUCHLER
Waltershäuser Straße 10

Eine der letzten alten Buchhandlungen, die seit 76 Jahren in Gotha ansässig ist.
Im Jahre 1936 übernahm Rudi Euchler die Spindlerische Buchbinderei und wandelte diese in eine Buchhandlung mit Papier- und Schreibwaren um.
Im Jahr 1999 wurde die Buchhandlung erweitert.
Zum Sortiment von Büchern, Zeitungen und einer kleinen Auswahl von Schreibwaren, CD's und Schallplatten kam eine Antiquariatsabteilung dazu.
Öffnungszeiten:

Montag bis Freitag	von 9:00 Uhr bis 18:00 Uhr
Samstag	von 9:00 Uhr bis 12:00 Uhr

Weitere Informationen unter:
Tel.: 03621 / 704379

Jetzt oder nie!

Es war Montagmorgen. Sechs Uhr. Ulla Hullmann lief ein letztes Mal mit einem Becher Kaffee in der Hand durch die leeren Räume ihrer Wohnung im Kirchhög.
Ihre Möbel hatte sie in den letzten Wochen an eine Flüchtlingseinrichtung in Gotha verschenkt und die restlichen Sachen, die sie niemanden zumuten wollte, hatte sie als Sperrmüll angemeldet und zur Abholung an die Straße bereit gestellt.
Sie war überrascht, wie leicht es ihr fiel, sich von ihren Habseligkeiten zu trennen.
Ulla neigte nicht zur Sentimentalität und war auch jetzt am letz-

ten Morgen in ihrer Wohnung weit entfernt von Abschiedsschmerz.
Nur sie wusste, dass sie diesen Tag, ihren letzten Arbeitstag in der Anwaltskanzlei „Schreiber & Sohn“, seit Monaten, nein, seit Jahren, geplant hatte.
Bis zum Mauerfall hatte sie in Gotha im KONSUM in der Südstraße in Gotha gearbeitet. Sie war jeden Tag mit der Straßenbahn von Sundhausen nach Gotha gefahren.
Dann wurde sie von einem Tag zum anderen arbeitslos.
Sie hatte mit dem Gedanken gespielt, sich bei einem der neuen Discounter-Märkte zu bewerben, die in den Anfängen der 1990iger Jahren am Stadtrand gebaut wurden. Doch dann traf sie eines Tages im Schlosspark auf einen Mann, der ziellos am Parkteich herumirrte.
Sie erinnerte sich noch genau daran, wie sie ihn damals ansprach.
„Kann ich Ihnen vielleicht behilflich sein?“
Mit einem Blick hatte sie erkannt, dass der groß gewachsene Mann im schicken, schwarzen Anzug nicht aus Gotha kam. Als er ihr dann im schwäbischem Akzent gestand, dass er die Orientierung verloren hatte und verzweifelt den Schlachthof suchte, an dem er sein Auto geparkt hatte, bestätigte sich ihre Vermutung.
Statt ihm nur die Richtung, in die er laufen musste, zu zeigen, brachte sie ihn bis zu seinem Fahrzeug. Er bedankte sich für die Hilfe und entschuldigte sich, da er sie solange aufgehalten hatte.
Ohne darüber nachzudenken erwiderte sie, dass sie alle Zeit der Welt hätte, da sie gerade ohne Job sei.
Sie war überrascht, als der Mann nicht nach ein paar tröstlichen Floskeln ins Auto stieg und davon fuhr, sondern sie lächelnd ansah und ihr seine Visitenkarte reichte, mit den Worten:
„Eine Frau, die einen Fremden so sicher aus diesem Park zu sei-

nem Auto bringen kann, hat sicher auch das Geschick, die Buchhaltung einer Anwaltskanzlei zu leiten. Melden Sie sich nächste Woche bei mir.“, fügte er noch hinzu, bevor er einstieg, den Motor an und Ulla vollkommen perplex zurück ließ. Sie nahm an, dass das ein Scherz gewesen war und gab sich Mühe, sich nicht weiter darüber zu ärgern. Auf dem Nachhauseweg wich ihre Verärgerung einer aufkeimenden Hoffnung. In der darauffolgenden Woche griff sie ohne lange zu zögern zum Telefon und wählte die Nummer des Rechtsanwalts. Sie hatte schließlich nichts zu verlieren.
Noch am gleichen Tag hatte sie ein Vorstellungsgespräch.
Eine Woche später betrat sie ihren neuen Arbeitsplatz als Buchhalterin in der Anwaltskanzlei „Schreiber & Sohn“.

*

Das Klingeln ihres Handys riss Ulla aus ihren Erinnerungen.
„Wer kann das nur sein?“, fragte sie sich.
„Ulla Hullmann?“
„Frau Hullmann, es tut mir leid, dass ich Sie an Ihrem letzten Arbeitstag so früh stören muss. Ich hoffe, ich habe Sie nicht aus dem Bett geholt.“
Die Stimme ihres Chefs klang besorgt und ließ sie sofort hellhörig werden.
„Um was geht es denn?“, wollte sie wissen. Sie befürchtete schon, dass er sie fragen würde, ob sie nicht ihren Ausstieg aus der Firma um ein paar Wochen verschieben wolle. Denn bis zum heutigen Tag hatte er noch keinen Ersatz für sie gefunden. Wie auch, dachte Ulla bei sich. Eine Mitarbeiterin wie sie war auch nicht zu ersetzen.
„Das möchte ich lieber nicht am Telefon besprechen.“

Sie wunderte sich über seine diskrete Zurückhaltung. Er hatte doch sonst keine Skrupel. Sie musste daran denken, wie sie oft Überstunden für ihren Chef gemacht hatte, während er sich im Nachbarbüro mit der ein oder anderen Auszubildenden angeblich um ihr Berichtsheft, das diese während ihrer Ausbildung führen mussten, kümmern musste. Ulla hatte nie angenommen, dass das Stöhnen einer der jungen Frauen daher rührte, dass er mit dem Rotstift rigoros in den Berichten herum korrigierte.
„Können Sie in einer halben Stunde bei mir sein?"
„Natürlich. Ich mache mich gleich auf den Weg.", antwortete sie, bevor sie auflegte und ärgerte sich im selben Augenblick, dass sie nicht Nein gesagt hatte.
Nur einmal in über zwanzig Jahren hatte sie ihm Paroli geboten. Sie hatte ihm nie widersprochen und nie Nein gesagt, wenn sie nach Feierabend noch Briefe an Mandanten für ihn abtippte oder neue Termine vereinbarte, da er die Wochenplanung kurzfristig über den Haufen geworfen hatte.
Es war mehrfach vorgekommen, dass ein Staatsanwalt sie für eine Partnerin in der Anwaltskanzlei hielt. Auf eine Sache konnte sie allerdings stolz sein, stellte sie schmunzelnd fest.
Gleich an ihrem ersten Arbeitstag hatte er sie beauftragt, Kaffee zu kochen. Ulla hatte vor der Schließung des Konsums noch zwei Kartons Mokka fix mitgenommen und brühte diesen nun frisch für ihren Chef auf. Nicht ohne Hintergedanken. Wie nicht anders zu erwarten, hatte ihm der Kaffee nicht geschmeckt und er äußerte die Hoffnung, dass sie eine bessere Buchhalterin sei. Ahnung vom Kaffeekochen zu haben, sprach er ihr ab. Dass sie eine gute Buchhalterin war, konnte sie ihm in der darauffolgenden Zeit beweisen. Das Kaffeekochen überließ sie hingegen den Auszubildenden, die mehr als einmal darüber verzweifelten, da der Chef frisch gebrühten Kaffee verlangte.

Hätte er nicht dreimal in zwanzig Jahren eine Gehaltserhöhung abgelehnt, hätte sie ihm vielleicht eine gute Kaffeemaschine fürs Büro spendiert.
Ulla Hullmann verließ mit einer Reisetasche die Wohnung, zog ein letztes Mal die Tür hinter sich zu und warf den Schlüssel für den Vermieter vor der Haustür in den Briefkasten.
Der Weg zum Haus ihres Chefs war nicht weit. Ulla stieg in ihr Auto und fuhr auf ihrem Weg am Landgasthof „Zur Ratsrinne" vorbei. Eine Gruppe von fünfzehn Kindern stand mit ihren zwei Erzieherinnen geduldig in einer langen Schlange am Eiscafé Herbestreit.
Der Friseur auf der anderen Straßenseite hatte heute Ruhetag. Sie fuhr durch die Inselbergstraße, bog in die Trügleber Straße ein und parkte ihr Auto am rechten Straßenrand.
Schon von Weitem sah sie ihn an der Haustür stehen. Ulla ließ sich Zeit. Sie lief langsam über den langen Kiesweg auf ihn zu.
Ungeduldig kam er ihr zwei Schritte entgegen und streckte ihr zur Begrüßung die Hand entgegen. Herr Schreiber war frisch rasiert, sein grau meliertes Haar lag akkurat auf seinem schmalen Kopf. Er trug einen schwarzen eleganten Anzug, von dem er zwanzig Stück im Schrank hatte, wie sie seit langem wusste.
„Schön, dass Sie kommen konnten!" begrüßte er sie mit seiner sonoren Stimme und schaute dabei auf seine teure Armbanduhr. „Wir haben noch eine Stunde bis Arbeitsbeginn. Das müsste reichen.", erklärte er und ließ Ulla den Vortritt ins Haus. Ulla kannte sich aus, es war nicht das erste Mal, dass sie sein Haus betrat.
Die einzige Frau, die seit Jahren täglich um ihn herum war, war Maria, seine Haushaltshilfe.
Ulla ging in Richtung Arbeitszimmer. Ihr Chef war dicht hinter ihr und bot ihr den Platz auf einem unbequemen Stuhl an, den er

vor seinem Schreibtisch gestellt hatte. Er selbst ließ seinen großen schmalen Körper lautlos in einen weichen Ledersessel gleiten.
Hinter ihm stand ein riesiges Bücherregal. Vor Jahren hatte er im Antiquariat am Schlossberg kistenweise Bücher heraus schleppen lassen. Sämtliche alte DDR Bestände an Klassikertiteln reihten sich auf dem Regal nebeneinander. Dass er noch nie in einem der Bücher von Schiller, Goethe, Raabe, Heine oder Freytag gelesen hatte, war Ulla bekannt. Sie nahm an, dass er mit dieser Sammlung Eindruck gegenüber den einheimischen Mandanten schinden wollte.
Mit dem Geld, das er in all den Jahren verdient hatte, könnte er das ein oder andere historische Gebäude, das seit Jahren verfiel, sanieren lassen, befand Ulla.
Die Stimme ihres Chefs riss sie aus ihren Gedanken.
„Frau Hullmann, die ganze Angelegenheit ist mir etwas unangenehm. Da Sie aber heute die Kanzlei verlassen, ist dies die einzige Möglichkeit, mit Ihnen darüber zu reden."
Ulla nickte vorsichtig, obwohl sie keinen blassen Schimmer hatte, worauf ihr Chef hinaus wollte. Warum müssen Anwälte immer so kompliziert sein, dachte Ulla still und beobachtet ihn dabei, wie er nervös einen Stapel Papiere auf dem Schreibtisch hin und her schob. Er räusperte sich und Ulla hoffte, dass er endlich zur Sache kommen würde.
„Seit geraumer Zeit gibt`s Unregelmäßigkeiten in den Finanzen der Kanzlei. Es fehlt ein größerer Geldbetrag." Nervös rieb sich Ullas Chef an der Nase, bevor er sie eindringlich anschaute.
„Verstehen Sie mich nicht falsch. Die Kanzlei ist nicht verschuldet, weil wir nicht genügend Mandanten haben. Nein, ganz im Gegenteil. Dennoch scheint es, als habe jemand in unserer Kanzlei Mandantengelder hinterzogen."

Ulla stand ihre Fassungslosigkeit ins Gesicht geschrieben.
„Das ist ja ungeheuerlich. Haben Sie schon einen Verdacht?“
„Ich denke, das Geld liegt längst sicher im Ausland.
Es wird bestimmt schwer sein, die Spur des Geldes verfolgen zu können.“
Ulla glaubte ein feines Grinsen in seinem Gesicht zu entdecken.
„Ich bin kurz davor, die verantwortliche Person zu entlarven.“, bemerkte er in einem überzeugenden Tonfall.
„Noch ein paar Anrufe und dann kann ich die Angelegenheit in der Kanzlei öffentlich machen.“
Nach einer kurzen Pause, in der Ulla versuchte die Bedeutung seiner Worte zu verstehen, stand er auf, ging zum Fenster und zog die Vorhänge zu. Es wurde schummrig im Raum.
Er blieb am Fenster stehen und wand sich an sie.
„Nach ersten Erkenntnissen handelt es sich um eine Summe von 180.000 €.“
Ulla schaute ihn stumm an, wusste nicht, was sie zu seiner Entdeckung sagen sollte. Über zwanzig Jahre lang hatte sie alle anfallenden Arbeiten korrekt erledigt, ihre Freizeit, ihr Privatleben geopfert. Immer in der Annahme, dass ihr Chef das zu schätzen wusste. In diesem Augenblick wurde ihr schmerzlich bewusst, dass Herr Schreiber keine Ahnung von dem hatte, was sie stets geleistet hatte. Dass er überhaupt nicht mitbekam, was in der Kanzlei vor sich ging. Wie war es sonst zu erklären, dass er nicht einmal die korrekte Höhe des fehlenden Betrags herausgefunden hatte?
Doch sie dachte nicht im Traum daran, ihm zu erklären, dass der tatsächliche Schaden 210.000 € betrug und sich das Geld auf einem Konto auf den Seychellen befand.
Wenn er nicht einmal dazu in der Lage war, dann hatte er es auch nicht anders verdient.

Herr Schreiber atmete tief durch, als wäre er froh, diese Angelegenheit endlich zur Sprache gebracht zu haben.
Er wandte sich wieder zum Fenster und setzte seine Ausführungen fort, während er im Begriff war, die Vorhänge wieder zu öffnen. „Ich komme mit Ihnen in die Kanzlei. Dort habe ich die Unterlagen, die mir zugeschickt wurden und sicher beweisen werden, wer…"
Weiter kam er nicht. Er sank langsam und mit einer klaffenden Kopfwunde auf den Teppichboden und riss dabei einen der Vorhänge, beim Versuch Halt zu finden, mit sich.
„Jetzt oder nie!", hatte Ulla sich gedacht, als sie zur schweren Kristallvase griff.
Ulla wunderte sich, welche Energie plötzlich in ihr freigesetzt wurde. Sie wischte die Vase gewissenhaft mit einem Taschentuch ab und stellte sie zurück auf ihren Platz.
Plötzlich durchbrach der Schlag einer alten Standuhr die Stille.
Ulla fasste sich erschrocken an die Brust. Als sie zur Uhr sah, stellte sie fest, dass es bereits kurz vor acht Uhr war. Sie musste sich beeilen. Für gewöhnlich trafen gegen halb neun Uhr die ersten Kollegen in der Kanzlei ein.
Hastig sah sie sich noch einmal um. Sie steckte das Taschentuch ein und verließ zügig das Haus ihres Chefs.
Sie überquerte schnellen Schrittes die Straße, stieg in ihren Wagen und drehte den Schlüssel im Zündschloss um. Nichts. Sie versuchte es erneut. Ihr Puls schlug ihr bis zum Hals. Mit zitternden Händen zog sie den Schlüssel aus dem Schloss und atmete erleichtert auf. Sie hatten den falschen Schlüssel ins Zündschloss gesteckt.
„Gut, dass ich das Auto nicht direkt vor dem Hauseingang geparkt habe," dachte sie, als sie eine ältere Dame mit ihrem Zwergpudel sah, die sich dem Haus näherte.

Als sie kurz darauf zur Kanzlei in der Leinastraße fuhr, spürte sie einen Anflug des Bedauerns. Sie hatte ihn nicht umbringen wollen. Er hatte seine Fehler, ja, den Tod hatte er jedoch nicht verdient.

Warum musste er sich um Dinge kümmern, die ihn nichts angingen? Warum hatte er nicht noch einen Tag länger gewartet? Dann wäre sie weg gewesen. Seit Jahren hatte sie von einem kleinen Forsthaus in Mecklenburg Vorpommern, mitten im Wald, geträumt. Als sie es vor Jahren endlich entdeckt hatte, war sie von der Idee, dort ihr neues Leben zu beginnen, regelrecht besessen.

Jedes Mal, wenn sie abends allein im Büro gesessen und Überstunden gemacht hatte, hatte sie sich vorgestellt, wie sie im Wald hinter ihrem Forsthaus Pilze sammelte und im Sommer auf der Terrasse in einem Sessel saß, die Augen schloss, den Geruch nach feuchter Erde in sich aufsog und dem Rauschen des Windes lauschte, der durch das Geäst der alten Tannen fuhr.

„Nein! Diesen Traum lasse ich mir nicht zerstören.“, murmelte Ulla vor sich hin, bevor sie vor der Kanzlei einparkte.

Unbemerkt gelangte sie ins Gebäude und war erleichtert, dass die Rezeption noch nicht besetzt war. Eiligen Schrittes näherte sie sich dem Büro des Chefs. Vor der Tür hielt sie kurz inne und holte noch einmal Luft. Dann drückte sie die Klinke nach unten und öffnete entschlossen die Tür.

Kaum hatte sie die Tür geöffnet und den ersten Schritt ins Büro getan, erklang ein vielstimmiges Lied.

„Alles Gute und viel Glück. Alles Gute, liebe Ulla, alles Gute und viel Glück.“

Vor ihr standen ihre Arbeitskollegen, die sich zu einem Chor formiert hatten.

Über ihr hingen Girlanden an der Zimmerdecke und bunte Luftballons schmückten das Fenster.

Evi, die junge Dame von der Rezeption, reicht ihr ein Glas Sekt. „Du hast doch wohl nicht geglaubt, dass wir dich so still und heimlich gehen lassen. Nach all den Jahren..."
Die beugte sich augenzwinkernd zu ihr und stieß mit ihr an.
„Ich hoffe, du hast den Scherz unseres Chefs mit der angeblichen Unterschlagung nicht wirklich ernst genommen. Aber wir mussten noch so viel vorbereiten und dich davon abhalten, dass du an deinem letzten Arbeitstag zu früh in die Firma kommst."
Hausmeister Horst, trat von der Seite an Ulla heran und schaute über ihre Schulter zur Tür.
„Sag mal, Ulla, wo hast du denn den Chef gelassen? Er wollte doch mit dir zusammen hierher kommen?"

Freizeittipps

SUNDHAUSEN

Sundhausen wurde im Jahr 786 erstmals erwähnt und war eine wichtige Station an der Handelsstraße, die in Richtung Bad Salzungen führte. Sundhausen wurde 1974 eingemeindet und ist seitdem mit rund 1600 Einwohner ein Stadtteil von Gotha.
In Sundhausen gibt es verschiedene Kleintiervereine, Chöre und Sportvereine. Zum alljährlichen Höhepunkt zählt die Kirmes, die in Sundhausen wieder ein fester Bestandteil geworden ist.

LANDGASTHOF „ZUR RATSRINNE"

Kirchhög 15

Hier werden dem Gast in einer gemütlich eingerichteten Gaststube neben einer gut bürgerlichen Küche, auch tschechische, slowakische und ungarische Gerichte serviert.

Öffnungszeiten:

Montag	geschlossen
Dienstag bis Samstag	17:00 Uhr bis 22:00 Uhr
Sonntag	12:00 Uhr bis 14:00 Uhr
	und 17:00 Uhr bis 22:00 Uhr

Tel.: 03621 / 755880

○ **EISCAFÉ HERBESTREIT** | Schenkstraße 2
Im Jahre 1873 eröffnete an dieser Stelle eine Bäckerei, die ab 1976 als Eisdiele in Familienhand weitergeführt wurde.
Neben verschiedenen Eisspezialitäten werden den Gästen auch selbst gebackene Torten angeboten.
Weitere Informationen unter:
Tel.: 03621 / 707480

Zum Zeitpunkt der Entstehung dieses Buches war nicht sicher, wie lange das Eiscafé noch bestehen würde. Dennoch habe ich es mit in dieses Buch aufgenommen. (Anmerkung d. Autors)

Alles ist möglich

Wie jeden Morgen läuft die Frau, von der Querstraße kommend, Richtung Buttermarkt und steuert auf das Café Harmonie zu. Pünktlich um halb zehn nimmt sie an einem der wenigen Tische vor dem Café Platz und bestellt einen Milchkaffee.
Für einen Moment lässt sie ihren Blick über den Markt und den Köpfen der Menschen schweifen, die auf der gegenüberliegenden Seite vor einem anderen Café Platz genommen haben.
Keiner nickt ihr zu, niemand der Gäste scheint sie zu kennen

oder sich Gedanken zu machen über die Frau, die seit Wochen zum morgendlichen Stadtbild gehört.
Das schmale Gesicht der Frau wendet sich zur Lantica Trattoria, vor der die ersten Tische gedeckt werden. Am Rande eines kleinen Brunnens beugt sich ein Junge neugierig über den Rand und wirft eine Münze hinein. Irgendwo in den Ästen einer Kastanie gurren zwei Tauben, doch sie kann sie nicht sehen.
Sie lächelte gedankenverloren, wünscht sich, sie könne verstehen, was die beiden Vögel sich zu sagen haben.
Die Bedienung kommt aus dem Café und serviert ihr den Milchkaffee.
Die Frau reißt ein kleines Tütchen Zucker auf, verteilt den Inhalt über dem Milchschaum und beobachtet, wie die kleinen Kristalle versinken.
Sie nimmt den Kaffeelöffel zur Hand, rührt den Milchkaffee um und lehnt sich in ihrem Stuhl zurück. Wie jeden Morgen wird der Kaffee kalt werden, ohne dass sie einen Schluck aus der großen Tasse getrunken haben wird.
Sie legt den Löffel geräuschlos auf die Untertasse zurück und versinkt in ihrem ganz eigenen Tagtraum, der sie das Café, den Buttermarkt und die Leute auf der gegenüberliegenden Seite vergessen lässt.
Für einen kleinen Augenblick entrinnt sie so der Einsamkeit, die sie tagein, tagaus umgibt.
Dann stellt sie sich vor, wie ihr Leben verlaufen könnte. Sie spricht sich selbst Mut zu, nicht aufzugeben und vielleicht wird ihr Traum bald wahr.

*

Dann stellt sie sich vor, dass ihr Traummann genau in diesem Moment an sie denkt. Vielleicht verlässt er gerade die Wohnung,

macht sich auf den Weg in die Innenstadt, um einen Kaffee auf dem Buttermarkt zu trinken.
Es könnte auch sein, dass ihn sein Arbeitsweg an ihr vorbeiführte. Vielleicht arbeitet er bei einer Bank. Ein seriöser Mann, der keine Unordnung im Kopf und im Herzen mag. Vielleicht ist er ein Künstler und in einem Künstlerverein tätig oder Mitglied im Aero Club und fliegt in seiner Freizeit mit einem Leichtflugzeug dem Himmel entgegen. Oder er gibt einmal im Monat ein Konzert als Sänger auf der Schlachthofbühne im The Londoner.
Es könnte sein, dass sie dem Mann ihrer Träume heute über den Weg läuft, sie sich ineinander verlieben und sich gegenseitig fragen, wo der Andere so lange gesteckt hat. Es könnte sein, dass sie eines Tages zusammenziehen und ein kleines Häuschen in Gotha beziehen. Sie würden viele Jahre zufrieden miteinander leben. Ihre Liebe zueinander hätte Bestand, da sie von Respekt dem anderen gegenüber geprägt wäre.
Vielleicht würden sie sogar Kinder miteinander haben.

*

Eine lärmende Schulklasse reißt sie aus ihren Gedanken. Erschrocken blickt sie auf die Kinder, die nach Größe und geschätztem Alter in die zweite Klasse gehen könnten. Sie albern herum, lachen und necken sich.
Zwei Jungs boxen sich gegen die Schultern und tragen ihre Schulhofrivalität neben dem Tisch aus, an dem die Frau sitzt.
Sicherheitshalber hält sie den Tisch mit beiden Händen fest, doch die Jungs sind schon im Inneren des Cafés verschwunden.
Wenig später, als die Jungen und Mädchen mit ihrem Eis und unter Anweisungen ihrer Lehrerin weiterziehen, atmet sie tief durch und schießt für einen Moment die Augen. Sie versucht den Faden ihrer Gedanken wieder aufzunehmen. Doch die Un-

terbrechung hat sie aus dem Konzept gebracht, sie aus der heilen Welt ihrer Vorstellungen katapultiert.
Nur mühevoll gelingt es ihr, die Bilder ihres Tagtraums abzurufen.
Doch ein merkwürdiges Unbehagen mischt sich unter ihre Idealvorstellungen. Noch ahnt sie nicht, auf welches Gedankenspiel sie sich bald einlassen wird.

*

Es könnte sein, denkt sie, dass sie eines Tages im Wohnzimmer sitzt, ihrem Mann dabei zusieht, wie er unruhig in einem Buch blättert, ohne sich auf dessen Inhalt zu konzentrieren.
Vielleicht bietet sie ihm ein Glas Wein an, das er dankbar entgegennimmt, um die Gedanken zu verscheuchen, die ihn plagen.
Vielleicht würde sie ihn einfach fragen, was ihm gerade durch den Kopf geht. Vielleicht würde er dann ausweichend entgegnen, dass alles in Ordnung sei, er im Moment nur zu viel zu tun hätte.
Es könnte sein, dass sie seine Erklärung gelten ließe, obwohl sie genau wüsste, dass es eine Ausrede wäre. Sie wäre sich im Klaren darüber, dass wenn sie ihn bedrängte, sie alles verlieren würde, was sie sich beide aufgebaut hatten. Wie ein Kartenhaus würde ihre Beziehung in sich zusammenfallen und ihre übrig gebliebenen Gefühle füreinander darunter begraben.
Vielleicht würde sie aber auch schweigen, in der Hoffnung, dass alles ein gutes Ende finden würde und nähme sich ebenfalls ein Glas Wein. Sie war sich sicher, dass sie keine Beziehung wollte, die Geheimnisse und Lügen zwischen ihnen zuließ. Sie würde keinen Mann wollen, dessen Liebe zu ihr längst erloschen war und der die Fassade durch ein Lächeln und einen flüchtigen Kuss auf den Mund aufrecht zu erhalten versuchte.

Sie würde das volle Weinglas zur Seite stellen und ihm gestehen, dass sie ihm in der letzten Nacht gefolgt sei, als er sich heimlich aus dem Haus geschlichen hatte. Während er sie wie vom Donner gerührt anschauen würde, würde sie ihm erzählen, wie sie ihm in einigen Metern Entfernung auf dem vom Sprühregen benetzten Fußweg zu dem Haus mit dem roten Gartenzaun gefolgt sei.

Vielleicht müsste sie ihm dann gar nicht erzählen, dass sie ihn beobachtet hatte, wie er die Frau eng umschlang und küsste.

Vielleicht schenkte er sich Wein nach, um Zeit zu gewinnen und sich die richtigen Worte zurecht zu legen.

Vielleicht wäre er ehrlich zu ihr und gäbe zu, dass er früher mit ihr hätte reden müssen, bevor er die Frau kennenlernte und zum ersten Mal berührte.

Sie könnte sich vorstellen, ihm zu vergeben, wenn ihm noch etwas an ihrer Beziehung läge. Falls nicht, dann wäre sie vorbereitet.

Es könnte sein, dass sie dann das kleine Röhrchen mit dem Gift in sein Rotweinglas leeren würde.

*

„Entschuldigung?“

Eine Stimme riss die Frau erneut aus ihren Gedanken. Sie blinzelte gegen die Sonne, die durch die Wolkendecke gebrochen war und schützte ihre Augen mit der flachen Hand. Sie sah einen groß gewachsenen Mann in einem schwarzen Anzug vor sich, der sie fragend ansah. In der einen Hand hielt er einen Aktenkoffer und mit der anderen Hand wies er auf den Stuhl ihr gegenüber.

„Die anderen Tische sind alle belegt und ich wollte Sie fragen, ob dieser Platz noch frei ist.“

O BUTTERMARKT

Auf dem Buttermarkt befanden sich bis in das Jahr 1869 die Fleischbänke (Verkaufsstände) der Gothaer Metzger. Doch aus hygienischen Gründen wurde der Verkauf auf dem Marktplatz eingestellt. Daraufhin begannen die Landfrauen ihre Lebensmittel zu verkaufen, wozu auch ein reichhaltiges Angebot an Butter zählte.

AERO-CLUB-GOTHA E.V. | Kindlerber Straße 99 B

Der Verein wurde 1992 auf dem Flugplatz Gotha-Ost gegründet. Der Verein bietet Piloten-Ausbildungen auf den Ultraleichtflugzeugen Comco Ikarus C42 und C22 an. Die Kosten für eine Theorie und Praxisausbildung liegen etwa zwischen 2.500€ und 3.500€. Die Ausbildung findet meist an den Wochenenden oder nach Absprache mit den ehrenamtlichen Fluglehrern statt. Der Club bietet Rundflüge über Gotha an.

Außerdem bietet der Verein eine 30-minütige theoretische Einweisung in die Funktionen eines Ultraleichtflugzeuges an. Danach kommt ein etwa 30-minütiger Flug mit einem erfahrenen Fluglehrer. Kosten: 150€

Bei Interesse setzen Sie sich bitte rechtzeitig mit dem Verein in Verbindung!

Weitere Informationen unter:

Aero-Club-Gotha e.V.
Flugplatz Gotha Ost
Kindleber Straße 99 B
99867 Gotha
Tel.: 0176 / 72604810
Mail: ausbildungsleiter@aero-club-gotha.com oder Kontaktformular auf der Internetseite: www.aero-club-gotha.com

❍ CAFÉ HARMONIE | Hühnerdorfstraße 5

Das Café Harmonie bietet neben leckeren Kuchen und Torten, eine Auswahl von 24 Sorten selbgemachtem Eis.
Das Café hat etwa 100 Sitzgelegenheiten im Innenbereich, wie auch im Außenbereich am Buttermarkt.
Öffnungszeiten:

Montag bis Freitag	von 9:30 Uhr bis 18:00 Uhr
Samstag	Ruhetag
Sonntag	von 14:00 Uhr bis 18:00 Uhr

Weitere Informationen unter:
Tel.: 03621 / 404451

❍ THE LONDONER – ENGLISH PUB | Parkstrasse 15

The Londoner ist ein Pub und befindet sich im ehemaligen Schlachthof.
Im Saal vom The Londoner (Schlachthofbühne) finden Konzerte, Kleinkunst, Lesungen, Disco, Sportübertragungen und viele andere Veranstaltungen statt. Außerdem bietet der Saal für Feierlichkeiten Platz für 130 Personen.
Im Saal befindet sich ein Tresen, der mit fünf verschiedenen Fassbier-Sorten, Wein, Sekt und anderen Getränken aufwartet.
The Londoner bietet seinen Gästen eine anglo-amerikanische Küche, sowie Thüringische Hausmannskost.
Öffnungszeiten:

Dienstag bis Samstag	ab 18:00 Uhr
Von Oktober bis Juni auch am Sonntag	von 11:30 Uhr bis 14:00 Uhr (Bernds Mittagstisch)

Weitere Informationen unter:
Tel.: 03621 / 3518030 und www. thelondoner.de

O LANTICA TRATTORIA | Buttermarkt 5

Das italienische Restaurant befindet sich direkt auf dem Buttermarkt und bietet seinen Gästen eine abwechslungsreiche Speisekarte.

Reservierung wird empfohlen!

Öffnungszeiten:

Montag	Ruhetag
Dienstag bis Samstag	von 11:30 Uhr bis 14:30 Uhr und 17:30 Uhr bis 23:00 Uhr
Sonntag und Feiertag	von 12:00 Uhr bis 14:30 Uhr und 17:30 Uhr bis 22:00 Uhr

Weitere Informationen unter:

Tel.: 03621 / 238893 und www.trattoria-gotha.de

Entscheidung auf dem Kranberg

1.

Es war nach Mitternacht. Ilona Bremer saß auf dem Sofa und telefonierte seit einer halben Stunde mit ihrem Bruder Florian. Sie genoss die seltenen Gespräche mit ihm. Dieses Mal hatte sie jedoch einen besonderen Grund, dass sie ihn zu so später Stunde anrief. Allerdings erzählte sie ihm nichts von dem, was sie am frühen Abend beobachtet hatte und den Ausschlag dafür gab, sich mit ihm in Verbindung zu setzen.

*

Ilonas Mann Eike war um 18 Uhr von der Arbeit gekommen, hatte sich ein Bier aus dem Kühlschrank genommen und mit einem Blick auf den gedeckten Abendbrottisch erklärt, dass er keinen Hunger habe. Er hatte bereits im Imbiss an der Ecke gegessen.

Ilona hatte, wie immer, allein am Tisch gesessen und lustlos in ihr Leberwurstbrot gebissen.

Es war nicht das erste Mal, dass ihr klar wurde, dass nach zehn Jahren ihre Ehe nur noch auf dem Papier bestand. Sie lebten nur noch nebeneinander her. Nicht, dass sie sich streiten würden. Nein.

Eike ging ihr einfach aus dem Weg und machte sein eigenes Ding.

Ilona hörte den Fernseher und wusste, dass Eike die Füße auf den Couchtisch gelegt hatte und sein Feierabendbier trank. Irgendwann würde er einschlafen. Sein Job als Kraftfahrer bei einer Brauerei war anstrengend, das wollte sie gern glauben, aber, dass er ihr bei der Hausarbeit nie zur Hand ging, konnte sie nicht verstehen. Die ermüdenden Gespräche über die Aufteilung der Arbeit im Haus hatte sie schon lange aufgegeben. Auch sie hatte einen Job, wenn auch nur halbtags als Putzhilfe im Cineplex in Gotha.

Ilona stand gerade auf und räumte das unbenutzte Geschirr zurück in den Schrank, als ein merkwürdiges Geräusch aus dem Wohnzimmer zu ihr drang. War das Eike oder kam das aus dem Fernseher? Sie wollte ins Wohnzimmer gehen, doch im gleichen Moment öffnete sich die Wohnzimmertür. Ilona hielt inne in der Bewegung und beobachtet Eike dabei, wie er geradewegs ins Schlafzimmer stürmte. Sie wartete einen Moment und ging davon aus, dass er sie zu sich rufen und ihr erklären würde, was los sei. Doch nichts dergleichen. Ilona schaute durch die offene Wohnzimmertür direkt auf den Fernseher.

Plötzlich begriff sie. Es war Mittwoch, kurz nach 19 Uhr.

„Natürlich“, murmelte Ilona und ging in Richtung Schlafzim-

mer. Vorsichtig drückte sie die angelehnte Tür ein Stück auf und lugte durch den Spalt. Eike stand vor der offenen Schublade, in der sich seine Strümpfe befanden. Er hielt die kleine Ledermappe in den Händen. Wann immer Eike in den letzten Jahren dort hineinschaute, verzog er das Gesicht, schüttelte den Kopf und äußerte seine Enttäuschung, wenn er die Mappe schloss und sie zurück unter die Strümpfe legte mit einem: „Wieder nichts."
Doch diesmal machte sich ein Grinsen in seinem Gesicht breit.
Er schaute sich um zur Tür, doch Ilona zuckte zurück.
Als sie einen erneuten Blick wagte, wusste sie, dass er sie bemerkt haben musste. Mit einem zerknirschten Gesicht schüttelte er den Kopf und flüsterte laut genug:
„Wieder nichts."
Ilona ließ sich nicht täuschen. Sie wusste, dass er das Theater nur für sie spielte.

*

„Ja, Florian, ich werde mich von Eike scheiden lassen. Ich halte seine Eifersucht nicht mehr aus. Ständig muss ich mir seine Vorwürfe anhören, dass ich nur noch Augen für andere Männer hätte, auch wenn ich ihm schon tausendmal erklärt habe, dass er sich irrt."
Florian schwieg.
Damit hatte sie gerechnet. Sie redete nicht oft mit ihm über ihre Ehe. Florian war Polizist und sein fast angeborenes Misstrauen würde es ihr nicht leichter machen, ihn für ihren Plan zu gewinnen.
„Das ist das Erste was ich höre. Ich dachte, ihr seid so glücklich miteinander?"
Ilona holte tief Luft:
„Das sind wir im Prinzip ja auch. Alles wäre wunderbar, wenn

seine Eifersucht nicht wäre. Aber ich habe Angst, dass er eines Tages handgreiflich wird."
„Übertreibst du jetzt nicht ein wenig?"
Er hatte nie aufgehört, ihr Beschützer zu sein. Genau darauf baute sie auch jetzt. Allerdings war es auch nicht das erste Mal, dass Florians pragmatische Sicht auf die Dinge ihr die Sache nicht leichter machte. Er fand schon immer, dass seine Schwester ein bisschen zu dick auftrug, wenn sie ihn zu etwas bewegen wollte, wozu er keine Lust hatte. Das war schon in Kindertagen so gewesen.
„Du denkst sicher, ich übertreibe, aber weißt du was…?"
„Was?"
„Ich werde es dir beweisen."
„Mir beweisen?"
„Ja. Dazu müsstest du dich vielleicht etwas verkleiden, damit dich Eike nicht sofort erkennt."
„Ich soll was?"
„Hör mir einfach zu, dann erkläre ich es dir."

2.

Eike stand wie unter Strom.
Es fiel ihm schwer, sich zu konzentrieren. Immer wieder drehten sich seine Gedanken um den gestrigen Abend.
Er hoffte, dass er Ilona erfolgreich hatte täuschen können.
Als sein Handy klingelte und er Ilonas Nummer sah, glaubte er schon, dass sie ihn zur Rede stellen wollte.
Eike entfernte sich von seinem LKW. Ein Gabelstapler belud diesen gerade mit Paletten voller Bierkästen. Umständlich fischte er sich eine Zigarette aus einer zerknitterten Packung, zündete sie an und blies den Rauch genüsslich aus, bevor er den Anruf annahm.

„Hallo Schatz!“, hörte er die Stimme seiner Frau.
„Tut mir leid, dass ich dich bei der Arbeit störe, ich hoffe, du fährst nicht gerade.“
„Nein, keine Sorge. Was gibt es denn?“, fuhr er ihr dazwischen.
„Ich müsste etwas mit dir besprechen und ich dachte, ich rede erst mit dir, bevor ich mich an die Polizei wende.“
Eike wurde hellhörig.
„Polizei? Was redest du da?“
„Ich denke, das ist kein Gespräch fürs Telefon.“ Ilona holte tief Luft, bevor sie fragte:
„Können wir uns heute Nachmittag im„Berggarten“ auf dem Kranberg treffen? So gegen 15 Uhr? Ich warte draußen vor der Gaststätte auf Dich. Bis dann.“
Ohne eine Antwort abzuwarten, beendete seine Frau das Gespräch. Eike starrte das Handy verblüfft an, als würde er es zum ersten Mal sehen. Was hatte dieser Anruf zu bedeuten? Aus welchem Grund wollte sie sich an die Polizei wenden?
Eike warf die halb gerauchte Zigarette auf die Erde und zertrat sie. Vielleicht war dieser Anruf auch ein Wink des Schicksals. Der Kranberg umfasst ein ausgedehntes Waldgebiet, in dem ein Mensch schon einmal verschwinden und nie wieder auftauchen konnte.
Was wäre, wenn er...
„Hey Eike. Willst du Wurzeln schlagen oder was? Das Bier soll heute noch ausgeliefert werden!“
Eike sah seinen Chef an der Laderampe stehen.
„Ja, ja, schon gut. Nicht mal eine Zigarettenpause wird einem gegönnt.“
„Nun jammere nicht rum. Ab mit dir, Geld verdienen.“
Eike ging zu seinem Wagen und machte sich an die Arbeit.

*

Florian saß unter einem der Sonnenschirme auf einer der hinteren Bänke im Biergarten der Gaststätte „Berggarten“.
Im Hintergrund tobten ein paar Kinder auf dem Spielplatz herum.
Er fragte sich noch immer, wie es sein konnte, dass er sich von Ilona zu dieser Scharade hatte überreden lassen. Vielleicht lag es daran, dass er felsenfest davon überzeugt war, dass sie maßlos übertrieb. Aber was tat man nicht alles für seine kleine Schwester.
Florian zog sich den Hut tief ins Gesicht. Er war versucht, sich an dem künstlichen Bart zu kratzen. Das Jucken war unerträglich. Durch die Sonnenbrille sah er fast nichts.
Ilona saß zwei Bänke von ihm entfernt. Sie hatte sich bereits einen Kaffee bestellt und vermied es, sich nach ihm umzusehen.
Florian hätte nichts dagegen, wenn das Treffen mit seiner Schwester und ihrem Mann platzen würde. Sie hatte ihm erklärt, dass sie sich mit Eike traf, um den nächsten Urlaub mit ihm zu besprechen und auch darüber, dass er seine Eifersucht langsam in den Griff bekommen müsse. Während des Telefonats hatte er seiner Schwester die Bereitschaft abringen können, noch einmal über die Scheidung nachzudenken. Vielleicht gab es doch noch einen Weg, die Probleme der beiden aus der Welt zu schaffen. Florian fand schon immer, dass gute Kommunikation mit das Wichtigste in einer Beziehung war. Er sah Ilona ungeduldig auf die Uhr schauen, als Eike plötzlich, wie aus dem Nichts, auftauchte.
Florian nippte an seinem Radler und versuchte die beiden unauffällig im Auge zu behalten.

*

Eike konnte ein Gähnen nicht unterdrücken, als er sich gegenüber von Ilona auf die Bank setzte. Es war ein anstrengender Arbeitstag gewesen. Müde rieb er sich die Augen.

„Warum hast du mich hierher bestellt? Was gibt es denn so dringend?“, fragte er und schaute sich um.
„Warum gerade hier? Hätten wir das nicht auch zu Hause besprechen können?“
Ilona schüttelte stumm den Kopf und drehte nervös ihre Kaffeetasse auf dem Unterteller. Als sie nichts sagte, fragte Eike weiter: „Was sollte denn eigentlich die Bemerkung mit der Polizei. Kannst du mir das erklären?“
Ilona beugte sich zu ihm über den Tisch.
„Das wir uns hier treffen, hat einen ganz bestimmten Grund.“
„So? Und welchen?“
Ilona blickte sich ganz kurz um, als wolle sie mit einer schnellen Kopfbewegung eine lästige Fliege vom Kopf verjagen.
„Ich weiß ja, dass wir in letzter Zeit nicht mehr viel Zeit miteinander verbringen, dass wir uns etwas auseinandergelebt haben.“
Eike sog die frische Waldluft ein. Er hoffte, dass Ilona ihn nicht hierher bestellt hatte, um über ihre Ehe zu plaudern. Er verwarf diesen Gedanken so schnell, wie er gekommen war, denn eines war sicher, ihre Eheprobleme waren kein Fall für die Polizei.
Eike hatte eigentlich keine Lust hier zu sein. Viel lieber säße er jetzt auf dem heimischen Sofa mit einem kühlen Bier. Wenn Ilona doch endlich mit der Sprache heraus rücken würde.
„Warum willst du zur Polizei gehen? Nun sag schon!“
Erneut drehte sich Ilona kurz um.
Ihr entging nicht, dass Florian bemerkte, wie nervös sie war.
„Siehst du diesen Mann da?“
„Welchen Mann denn?“
„Na den dort, zwei Bänke weiter. Der mit dem Hut und der Sonnenbrille.“
Eike schaute in besagte Richtung, konnte aber nichts Auffälliges

an dem Mann erkennen. Er saß ganz friedlich vor seinem Bier und schien sich ein wenig zu langweilen. Vielleicht war er auch der Vater eines der Kinder, die lautstark im Sandkasten mit Sand um sich warfen.

„Was ist mit dem Mann? Kennst du ihn?“

„Wenn es doch nur so wäre.“

Eike machte große Augen. Ihre Bemerkung ließ ihn hellhörig werden.

„Was meinst du damit?“

„Dieser Mann, verfolgt mich seit einigen Wochen. Zum ersten Mal bemerkte ich ihn auf dem Wochenmarkt, das nächste Mal in der Drogerie in der Jüdenstraße. Zum Spaß bin ich auch mal in die Touristikinformation am Hauptmarkt gegangen und habe ihn dabei beobachtet, wie er die Auslagen im Schaufenster betrachtete, während ich mich im Laden aufhielt.“

„Du willst mir also erklären, dass dich dieser Mann dort hinten auf der Bank seit Tagen verfolgt?“

„Seit Wochen.“ korrigierte sie ihn und fügte hinzu:

„Ich habe nichts gesagt, weil ich erst glaubte, dass ich mir das nur einbilde. Aber du siehst ja, er ist auch heute wieder ganz in meiner Nähe.“

„Hat er dich schon einmal angesprochen?“

„Nein. Ich frage mich, was er von mir will.“, flüsterte Ilona.

Kaum hatte sie den Satz ausgesprochen, sprang Eike von seinem Platz auf und erklärte ihr mit lauter Stimme:

„Dann werde ich ihn mal fragen.“

Ohne zu zögern ging er auf den Mann zu. Er blieb vor der langen Holzbank stehen, beugte sich zu ihm hinunter, wobei er sich mit beiden Händen auf der Bank abstützte und fragte den Fremden im angriffslustigem Ton:

„Können Sie mir mal sagen, warum Sie meine Frau verfolgen?“

Florian schaute Eike durch die Sonnenbrille hindurch an. Er sah die Wut in dessen Augen.
„Kann es sein, dass Sie mich mit jemanden verwechseln?",
„Das glaube ich kaum. Also Freundchen, wenn du meiner Frau weiterhin nachstellst, wirst du es mit mir zu tun bekommen." Florian schaute auf die Faust, die Eike ihm drohend vor die Nase hielt. Seine Schwester schien nicht übertrieben zu haben. Eike unterstellte ihm, dass er Ilona schon tagelang verfolgte.
Am liebsten hätte er sich seinem Schwager zu erkennen gegeben, doch er wollte Ilona nicht bloß stellen und beschloss, das Spiel mitzuspielen. Es war Zeit, den Rückzug anzutreten.
„Tut mir leid, wenn ich den Eindruck erweckt habe, dass ich Ihre Frau verfolge. Ich bin Tourist und nur für eine Woche in Gotha, um mir die Stadt anzusehen."
Eike schien sich fürs Erste mit dieser Erklärung zufrieden zu geben, verzichtete jedoch beim Weggehen nicht, ihm zu erklären:
„Wenn Sie sich noch einmal meiner Frau nähern, dann werde ich dafür sorgen, dass Gotha die letzte Stadt ist, die Sie besichtigen."
Mit diesen Worten ließ er Florian zurück und ging zurück zu Ilona, die bereits aufgestanden war und ängstlich das Zusammentreffen der beiden beobachtet hatte.
Florian sah, wie Eike einen Geldschein auf den Tisch legte, Ilonas Hand ergriff und sie eilig mit sich zog.
Florian blieb noch einen Moment sitzen, bevor er den beiden folgte.
Ilona hatte wohl recht. Sein Schwager konnte sich in Sekundenschnelle in einen Verdacht hineinsteigern, wofür es keinerlei Beweise gab.
In all den seltenen Begegnungen mit Eike war ihm das nie aufgefallen. Er schämte sich, dass er seiner Schwester nicht geglaubt hatte.

Florian beschleunigte seine Schritte, um sie nicht aus den Augen zu verlieren.

*

Eike hielt Ilonas Hand noch immer fest umschlossen. Jeder in seine Gedanken vertieft. Sie gingen wortlos durch den Wald. Kurze Zeit später sahen sie den Bürgerturm.
„Wollen wir mal da hoch?“, durchbrach Eike die Stille.
Ilona schaute ihn mit großen Augen an.
„Bist du sicher? Hast du nicht Höhenangst?“
Eike grinste verschmitzt.
„Da oben wären wir ganz ungestört“, sagte er.
Ilona nickte. War es möglich, dass er sich ein stilles Plätzchen dafür ausgesucht hatte, um ihr endlich von seinem...
Ein Reh, das plötzlich aus dem Dickicht sprang, ließ die beiden vor Schreck zusammenfahren.
Im nächsten Augenblick war das Reh über den schmalen Weg gesprungen und wieder im Unterholz verschwunden.
Eike ließ Ilona den Vortritt auf den über dreißig Meter hohen Turm.
Für einen Moment zögerte er, doch dann entschloss er sich seine Höhenangst zu überwinden und seiner Frau auf die Stahlkonstruktion zu folgen. Er nahm Stufe für Stufe und vermied es nach unten zu schauen.
Eike war nicht wohl bei der Sache, doch er nahm all seinen Mut zusammen und ein wenig Stolz machte sich in seiner Brust breit, als er die erste Plattform fast erreicht hatte. Sechs Richtige mit Superzahl. Er hatte es nicht glauben können. Heute Abend würde er die Quoten aus dem Internet erfahren, bevor sie morgen in der Thüringer Allgemeinen standen.
Eike hatte die erste Plattform erreicht, doch er musste es ganz

nach oben schaffen, wenn er auf Nummer sicher gehen wollte. Vorsichtig griff er in die Innentasche seiner Jacke. Der Schein durfte auf keinen Fall in Ilonas Hände geraten. Ilona hatte die zweite Plattform schon hinter sich, als sie einen Blick durch die Gitterstufen nach unten riskierte. Gerade hatte sie eine Etage über Eike, direkt über seinem Kopf gestanden. Sie hatte gesehen, wie er etwas in seiner Innentasche befühlte und war sich sicher, dass er den Lottoschein, der heute morgen nicht mehr in der Ledermappe gewesen war, bei sich hatte.

„Wie praktisch“, dachte sie. Als sich für einen kurzen Augenblick ihre Blicke trafen, lächelte Eike sie an.

Als beide auf der obersten Plattform des Turmes angekommen waren, wirkten sie für einen Augenblick tatsächlich wie ein verliebtes Paar, das die Aussicht genoss.

Unvermittelt schrie Ilona auf, ihr Oberkörper war über die Brüstung geneigt.

„Eike, schau nur, da steht er schon wieder!“

„Wer?“, fragte Eike perplex.

„Der Mann.“

„Das kann doch nicht wahr sein. Der traut sich was.“

Ohne darüber nachzudenken, beugte er sich ebenfalls über die Brüstung und schaute in die Tiefe. Es war niemand zu sehen.

Schlagartig wurde ihm schwindlig. Er wollte von der Brüstung zurückweichen, doch Ilona stellte sich ihm in den Weg.

Eike spürte, wie ihm kalter Schweiß auf die Stirn trat und seine Beine drohten, ihm ihren Dienst zu versagen. Ein flaues Gefühl machte sich in seinem Magen breit. Ilona nutzte den Moment und versuchte in die Innentasche von Eikes Jacke greifen.

Eike nahm all seine noch verbliebenen Kräfte zusammen und schob sie beherzt von sich. Fast wäre Ilona gestolpert, konnte sich aber am Geländer festhalten. Noch bevor sie einen neuen

Versuch starten konnte, nahm Eike den Lottoschein und zerknüllte ihn in der Hand.
In Ilonas Gesicht zeichnete sich Entsetzen ab. Sie stürzte sich auf Eike, um ihm den zerknüllten Lottoschein zu entreißen.
Sie drückte ihn gegen die Brüstung, verdrehte ihm das Handgelenk, bis er die Hand mit schmerzverzerrtem Gesicht öffnete.
Ilona nahm den Lottoschein an sich. Eike rieb sich das Handgelenk.
„Was ist los mit dir?" Eike wollte Ilona seitlich ausweichen, doch dabei verlor er plötzlich das Gleichgewicht. Ohne einen Ton der Überraschung stürzte er über die Brüstung.
Ilona hielt sich die Hand vor den Mund. Sie war unfähig sich zu rühren. Sie schaute Eikes Körper nach, der wie in Zeitlupe dem Erdboden entgegen flog. Als sie den dumpfen Aufprall hörte, schreckte sie aus ihrer Starre auf und rannte die Treppen nach unten. Aus den Augenwinkeln sah sie ihren Bruder, der sich dem Turm näherte. Er erreichte Eike noch vor Ilona. Wenig später beugte sich Ilona tränenüberströmt über Eikes Körper.
Florian hockte neben ihr und schüttelte mit Blick auf eikes leblosen Körper, den Kopf.
„Da ist nichts mehr zu machen."

*

Nachdem Ilona und Florian den restlichen Tag auf dem Polizeirevier verbracht hatten, auf dem sie den Beamten den Ablauf des schrecklichen Unfalls geschildert hatten, kamen sie am frühen Abend erschöpft nach Hause.
Auf dem Küchentisch lag die Thüringer Allgemeine, die sie noch gar nicht gelesen hatte.
Schon von weitem las sie die fett gedruckten Worte der Schlagzeile:

Das gab es noch nie!
Frankfurt am Main:
Wie die Lottozentrale bekanntgab, erignete sich bei der Mittwochsziehung der Lottozahlen eine Panne. Aus diesem Grund wurde die Ziehung unter notarieller Aufsicht wiederholt. Glücklicher Gewinner der Ziehung ist ein Spieler aus Bayern, der sich über den Jackpot von 7,5 Millionen Euro freuen kann.

Freizeittipps

○ KRANBERG
Der Kranberg ist eine 430 Meter hohe, bewaldete Erhebung. Nachdem große Teile des Gebietes nach dem zweiten Weltkrieg der roten Armee als Übungsplatz dienten und teilweise Sperrgebiet waren, ist es heute ein sehr beliebtes Naherholungsgebiet und Ausflugsziel.

○ RESTAURANT „BERGGARTEN“ | Berggartenstraße 50
Der Gründer der „Gothaer Versicherung“ E.W. Arnoldi war Bauherr und Besitzer des Gebäudes und des Geländes drum herum. 1872 übergab er es samt des Arnoldi-Turms an die Stadt Gotha mit der Auflage, dass der Berggarten niemals verkauft werden dürfe und den Gothaer Bürgern immer frei zugänglich sein müsse.
Neben der wunderschönen Außenanlage des Biergartens, der bis zu 400 Sitzplätze bietet uns einen kleinen Kinderspielplatz hat, bietet das Restaurant verschiedene Fischgerichte, Geflügelgerichte, Gerichte aus dem Schmortopf und Pfannengerichte an. Die Preise der Speisen beginnen bei 9 Euro bis 14 Euro.
Die Gäste können aber auch frisch gebackenen Kuchen und ver-

schiedene Kaffeespezialitäten im Innen-wie im Außenbereich, je nach Wetter, genießen.

Öffnungszeiten:
Januar bis März
Sonntag bis Donnerstag von 11:00 Uhr bis 19:00 Uhr
Freitag und Samstag von 11:00 Uhr bis 23:00 Uhr
April bis September
Montag bis Samstag von 11:00 Uhr bis 23:00 Uhr
Sonntag von 11:00 Uhr bis 20:00 Uhr
Oktober bis November
Sonntag bis Donnerstag von 11:00 Uhr bis 19:00 Uhr
Freitag und Samstag von 11:00 Uhr bis 23:00 Uhr
Dezember
Montag bis Samstag von 11:00 Uhr bis 23:00 Uhr
Sonntag von 11:00 Uhr bis 20:00 Uhr
Weitere Informationen unter:
Tel.: 03621 744475 oder www.berggarten-gotha.de

❍ BÜRGERTURM

Der Turm ist eine 35 Meter hohe Stahlkonstruktion.
Er wurde im Jahr 2009 als Aussichtsturm errichtet und ist somit der „Nachfolger" des 1972 abgerissenen Arnoldi-Turms.
Wer sich ganz über die Wendeltreppe, mit ihren 158 Stufen, auf eine der drei Aussichtsplattformen traut, hat einen herrlichen Rundumblick auf den Thüringer Wald.

❍ CINEPLEX (KINO) | Gartenstrasse 31

Das Cineplex-Gotha bietet Platz für 1000 Besucher. Die Besucher erwarten ein 4K-Projektor in Kino 3, Dolby 7.1 Tontechnik und ein Line-Array-Lautsprechersystem in allen Sälen. Damit

gehört es seit 2014 zu den den modernsten Multiplex-Kinos.
Öffnungszeiten:
Das Cineplex-Gotha hat täglich geöffnet.
Es öffnet immer 30 Minuten vor der ersten Vorstellung und schließt immer 15 Minuten nach Beginn der letzten Vorstellung
Weitere Informationen unter:
Tel.: 03621/229090 und unter www.cineplex.de

Handlungsbedarf

Ramona hockt hinter einem Busch im Garten der Nachbarin. Sie mag nicht darüber nachdenken, was sie gerade hier macht.
Fassungslos und voller Anspannung schaut sie auf Nancys Haus, in dem sie auch Christian vermutet. Die Verandatür ist nur angelehnt, sie scheinen sich ihrer Sache sicher zu sein.
Ramona schaut sich um. Hinter ihr der Gartenzaun, der ihren und Nancys Garten vom Feld abtrennt, auf dem sich die Weizenähren sanft im nächtlichen Wind wiegen.
Eine Nachtigall hat ihr Lied angestimmt und in der Ferne schlägt die Glocke der Evangelischen Pfarrkirche die mitternächtliche Stunde. Doch all das nimmt Ramona nicht wahr. Ramona versucht wieder, Herr ihrer Gedanken und Gefühle zu werden, doch ihr Puls rast nach wie vor. Seit Wochen befindet sie sich in ihrem schlimmsten Alptraum.
Es ist eine laue Sommernacht, in der man gemütlich bei einem Glas Rotwein im Garten sitzen und den Abend ausklingen lassen könnte. Doch Ramona steht nicht der Sinn nach einem Glas Wein. Sie hat anderes im Sinn.
Als Christian sich vor einer Stunde aus dem Ehebett geschlichen

hatte, fasste sie den Entschluss, dem Treiben endlich ein Ende zu setzen.
Das Getuschel der Dorfbewohner und die Blicke, die sie trafen, wenn sie morgens in Margrits Kaffeestube ihren Kaffee to go auf dem Weg zur Arbeit abholte, waren ihr schon lange aufgefallen. Ramona war sich jedoch nicht sicher, ob es nur Vermutungen waren, die sie untereinander austauschten oder ob es bereits Beweise gab. Zum Beispiel in Form von Handyfotos oder unüberlegten Äußerungen aus Nancys Mund.
Ramona wollte nicht so lange warten, bis sie das Stammtischgespräch in der Gaststätte „Zum Wiesengrund“ wurde und damit zum Gespött von ganz Boilstädt.
Sie musste also handeln, sich zur Wehr setzen, die Angelegenheit in Ordnung bringen. Das war sie sich und ihren Söhnen, die im Ausland zu studieren begonnen hatten, schuldig. Es raschelt im Gebüsch und ein Kater springt hervor. Ramona kann nur mit Mühe einen Aufschrei unterdrücken und hält vor Schreck die Hand vor den Mund. Der Kater ist genauso schnell verschwunden, wie er aufgetaucht war. Ramona fängt sich wieder und muss grinsen. Sie fragt sich, warum sie ausgerechnet jetzt daran denken muss, wie sie als siebenjähriges Mädchen im Garten nebenan lesend auf dem Rasen saß und das Gezehter einer aufgeregten Amsel ihr Interesse weckte.
Sie erinnert sich, wie sie das Buch weglegte und zu der alten Rotbuche an der Hecke zum Garten von Nancys Eltern ging.
Ramona sah eine Amsel auf einem der Äste sitzen. Unter ihr saß eine Katze. Da erinnerte sich Ramona, dass die Amsel ein Nest in der Hecke hatte und darauf wartete, dass die Katze endlich weiterzog, um ihre Jungen im Nest füttern zu können.
Die Katze blieb ungerührt am Stamm der Rotbuche sitzen und schaute zum Feld.

Ramona glaubte im Blick der Katze zu erkennen, dass diese sich sicher war, dass sie über kurz oder lang ihr Ziel erreichen würde. Ramona hatte damals gezögert und überlegt, ob sie der Natur ihren Lauf lassen solle.

Jeden Tag flogen Insekten ins Spinnennetz über der Regentonne, jeden Tag pickten die Vögel Würmer aus dem Blumenbeet.

Vor ihrem geistigen Auge sah sie die Amselfamilie. Die Jungen, mit weit aufgerissenen Schnäbeln hungrig im Nest sitzend, die Amselmutter, die unermüdlich ihrem Nachwuchs das Futter brachte und abends auf dem Dachfirst sitzend ihr Lied trällerte.

Ramona entschloss einzugreifen. Sie wollte nicht schuld sein, wenn die Katze die Vogelfamilie zerstörte.

Natur war Natur, aber in diesem Garten, im Garten ihrer Eltern, hatte sie die Macht über Leben und Tod. Hier konnte sie der Natur ein Schnäppchen schlagen und bestimmen, wer überlebt.

Ramona hatte einen Stein genommen und in Richtung Katze geworfen, um sie zu verscheuchen.

Für einen Moment hatte sie geglaubt, dass sie die Katze treffen würde. Doch deren Instinkte ließen sie nicht im Stich und sie machte sich rechtzeitig aus dem Staub.

Ramona war erleichtert gewesen, als sie sah, dass sie nicht zur Katzenmörderin geworden war. Das Kichern einer Frau, das durch die offene Verandatür in den Garten dringt, reißt Ramona aus ihren Erinnerungen. Es ist das Kichern der Frau, die eine Gefahr für ihr Familienglück darstellt.

Ramona stellt sich vor, wie Nancy katzengleich Christian umgarnt, ihren Körper an ihn schmiegt und ihm Worte der Lust und Begierde ins Ohr flüstert. Ramona würde das nicht weiter ertragen. Sie wollte sich nicht weiter demütigen lassen. Sie war fest entschlossen, Christian aus Nancys Krallen zu befreien und ihre Ehe zu retten.

Ramona zieht sich hinter den Busch zurück, als sie Christian aus dem Haus kommen sieht. Er knöpft sich den oberen Knopf seines Schlafanzugs zu. Ein geradezu lächerlicher Anblick, geht es Ramona durch den Kopf und sie wünschte sich, Christian könne sich so sehen. Merkt er nicht, wie armselig er wirkt?
Als ihr Mann durch eine Lücke in der Hecke verschwindet, erhebt sich Ramona, geht mit großen Schritten auf das Haus zu und hofft, dass Nancy sie nicht entdeckt.
Diese steht mit zerzaustem Haar vor dem Kamin im Wohnzimmer. Obwohl es draußen noch warm ist, brennt darin ein Feuer. Vielleicht für eine romantische Atmosphäre für ihr heimliches Stelldichein mit Christian.
Nancy beugt sich nach vorn, um einen neuen Holzscheit auf die Glut zu legen. Über Ramonas Gesicht huscht ein Lächeln. Zufrieden betrachtet sie den Stein in ihrer Hand.
Als sie zum Schlag ausholt und der Stein auf Nancys Hinterkopf auftrifft, ist sie sicher, dass sie diesen Stein vor vielen Jahren schon einmal in der Hand gehalten hatte.

Freizeittipps

❍ BOILSTÄDT

Boilstädt ist ein Ortsteil von Gotha, der sich als unregelmäßiges Haufendorf um das Rittergut mit Dorfkirche gebildet hat.
Boilstädt wurde im Jahre 1143 erstmals urkundlich erwähnt.
Den östlichen Rand des alten Dorfkerns bildet der Bachlauf des „Boilstädter Wassers“. Man erreicht Boilstädt von Gotha kommend über die L2146 in Richtung Uelleben.

❍ EVANGELISCHE PFARRKIRCHE „ZUR HIMMELSPFORTE“

Die Pfarrkirche wurde 1748 errichtet, nachdem die Vorgängerkirche, die aus dem Jahre 1484 stammte, 1830 baufällig geworden war.

❍ MARGIT'S KAFFEESTUBE | Sundhäuser Straße 3

Margits Kaffeestube ist ein kleines, gemütliches Café' mit Innen und Außenbereich. Die Besitzerin verwöhnt ihre Gäste mit leckeren, selbstgemachten Kuchen.

Öffnungszeiten:

Montag, Dienstag und Donnerstag Ruhetag
Mittwoch von 12:00 Uhr bis 18:00 Uhr
Freitag von 12:00 Uhr bis 23:00 Uhr
Samstag von 12:00 Uhr bis 18:00 Uhr
Sonntag von 12:00 Uhr bis 19:00 Uhr

Weitere Informationen unter:

Tel.: 03621/755059 oder www.boilstaedt.de

❍ GASTSTÄTTE „ZUM WIESENGRUND“ | Gothaer Straße 22

Das Gasthaus wurde während des Deutsch-Französischen Krieges 1870 gegründet.

Heute bietet die Gaststätte großzügig gestaltete Räumlichkeiten für Feste wie Hochzeiten, Familien- oder Betriebsfeiern.

Öffnungszeiten:

Montag / Dienstag / Mittwoch / Donnerstag Ruhetag
Freitag von 18:00 Uhr bis 22:00 Uhr
Samstag von 11:00 Uhr bis 14:00 Uhr und
17:00 Uhr bis 22:00 Uhr
Sonntag von 11:00 Uhr bis 14:00 Uhr

Weitere Informationen unter:
Tel.: 03621/229240 oder www.wiesengrund-gotha.de
In unmittelbarer Nähe der Gaststätte „Zum Wiesengrund“, steht ein Gedenkstein, der an Oberstleutnant Josef Ritter von Gadolla erinnert, der an dieser Stelle in Boilstädt verhaftet wurde. Ihm ist es zu verdanken, dass Gotha kampflos an die näherrückenden alliierten Truppen übergeben werden konnte.
Ritter Gadolla bezahlte diese Entscheidung am 05.04.1945 mit seinem Leben.

Eine offene Rechnung

Kaum hatte Simone Fries ihr Haus im Wandersleber Weg betreten, streifte sie, noch im Flur stehend, ihre hochhackigen Schuhe von den schmerzenden Füßen und warf ihre Handtasche achtlos in die Ecke.
Simone sah ihren Mann in einem der bequemen Ledersessel vorm Kamin sitzen. Er hielt ein Glas Whisky in der Hand und beobachtete gedankenverloren die Holzscheite, an denen die Flammen züngelten.
Als Daniel sie bemerkte, stand er auf und stellte sein Glas auf den kleinen Beistelltisch.
„Hallo Schatz. Endlich Feierabend?“, fragte er lächelnd und gab ihr einen Kuss auf die Stirn. Wortlos ging er zur Vitrine, holte ein Glas heraus und schenkte ihr einen Schluck ihres Lieblingsweines ein. Simone nahm ihm dankbar das Glas ab, setzte sich in den zweiten Ledersessel und genoss das erdige Bukett des Rotweins.
„Wie war dein Tag?“, fragte Daniel und setzte sich zu ihr.
„Der pure Stress. Ich war heute im Schloss Mönchshof, um mit

den Besitzern den Ablauf des Sommerkonzerts in zwei Monaten durchzusprechen. Danach habe ich mit dem Pastor der St. Helena Kirche gesprochen. Er beklagte sich über die schwindende Anzahl der Gemeindemitglieder und fragte, ob wir uns nicht gemeinsam etwas überlegen könnten, wie man mehr Besucher in die Kirche locken kann."

Simone stand stöhnend auf. Seit Jahren machte ihr der Rücken Probleme, obwohl sie noch keine 50 Jahre alt war und damit viel zu jung für solche Beschwerden, wie sie empfand.

Sie schenkte sich ein weiteres Glas ein.

„Nach dem Gespräch mit Pastor Kasper, gönnte ich mir einen Latte Macchiato und ein Stück Käsekuchen im Café „Oma Plüsch" und fuhr anschließend noch zur Gustav Freytag Gedenkstätte, um die Benefizlesung zu organisieren. Leider habe ich noch niemanden gefunden, der aus Gustav Freytag Werken lesen möchte.

Dabei hat es mich große Mühe gekostet, die Bände der Erstausgabe von 1855 von „Soll und Haben" für die Lesung zu organisieren."

„Das hört sich wirklich nach einem anstrengenden Tag an."

Daniel ergriff die Hand seiner Frau und zog sie zu sich. Sanft streichelte er ihr über den Arm. Simone lächelte ihn dankbar an.

„Weißt du, manchmal frage ich mich, ob ich den Vorsitz des Siebleber Kunstvereins nicht besser abgeben sollte."

Ihr Mann schaute sie mit gespieltem Entsetzen an.

„Das meinst du doch nicht im Ernst?"

Simone schenkte ihm ein Lächeln.

„Nein, natürlich nicht."

Simone war mit dem Leben, das sie mit ihrem Mann führte, zufrieden. Sie hatten, hier in Siebleben, ein schönes Haus gebaut. Simone war im Ort beliebt, kümmerte sich um sämtliche kultu-

relle Angelegenheiten und engagierte sich ehrenamtlich in verschiedenen Projekten für sozial benachteiligte Menschen.
In Daniel hatte Simone den perfekten Lebenspartner gefunden und sie würden im Sommer ihren 10-jährigen Hochzeitstag feiern. Auch wenn ihr Privatleben durch Simones soziales Engagement etwas auf der Strecke blieb, so genossen sie um so mehr die wenigen Momente wie diesen.
„Und bei dir?", fragte Simone und setzte sich wieder neben den Kamin.
„Das Übliche. Am Morgen hatte ich wieder eine der langatmigen Fraktionssitzungen im Thüringer Landtag.
Allen ist klar, dass die Bürger von Gotha immer älter werden und dass die jungen Menschen aufgrund der Perspektivlosigkeit das Weite suchen, aber niemand ist bereit, das eine oder andere Projekt ins Leben zu rufen, um die Jugend hier zu halten oder gar junge Familien nach Gotha zu locken.
Ständig höre ich, dass wir diesen Beschluss nicht durchbekommen können oder dass das Projekt zu teuer wird. Manchmal komme ich mir vor, als kämpfte ich gegen Windmühlen."
Simone nickte verständnisvoll.
„Ja, das ewige Lied." Mühevoll unterdrückte sie ein Gähnen.
Entschlossen erhob sie sich und erklärte:
„Ich glaube, es wird Zeit für mich. Morgen wird wieder ein langer Tag."
Simone stellte ihr leeres Weinglas ab und gab Daniel einen Kuss. Kurz bevor sie das Zimmer verließ und die Tür hinter sich schloss, drehte sie sich noch einmal um.
„Bleib nicht mehr so lange auf, mein Schatz."
„Nein, ich komme gleich nach."

*

Tom Greifenstein fuhr in seinem orangenen Mercedes, von der Gothaer Innenstadt kommend, auf die Waltershäuser Straße. Achtlos warf er die Zigarettenkippe aus dem Fenster und grinste voller Vorfreude.

In den letzten zehn Jahren hatte er sich unzählige Male vorgestellt, wie es wäre, wenn er endlich seinen alten Kumpel Daniel Fries aufgespürt haben würde und auf dem Weg zu ihm wäre. Viele Jahre hatte er geglaubt, dass er sich ins Ausland abgesetzt hatte, doch nicht nur dazu hatte er nicht den Schneit gehabt.

Auf der rechten Straßenseite tauchte eine Tankstelle auf. Tom setzte den Blinker und bog in die kleine Nebenstraße ein. Noch wenige Meter und er wäre laut des Navigationsgerätes am Ziel angelangt.

Er parkte den Wagen auf der gegenüberliegenden Straßenseite des prächtigen Hauses im Wandersleber Weg. Das Haus musste eine Stange Geld gekostet haben. Tom wusste, woher sein alter Kumpel so viel Geld hatte. Er hoffte für ihn, dass er nicht alles ausgegeben hatte.

Tom stieg aus dem Auto und ging in aller Ruhe auf den unbeleuchteten Eingang zu. Nur in einem der Zimmer schien noch jemand wach zu sein. Ein schmaler Lichtstrahl war zwischen den Vorhängen zu erkennen, die sich kurz darauf bewegten und Tom meinte, Daniels Gestalt zu erkennen.

Er beschloss in alter Manier das Haus zu betreten. Lautlos, schnell und ohne Spuren zu hinterlassen. Das war schon immer seine Spezialität gewesen.

*

Daniel schob die halb abgebrannten Holzscheite im Kamin zur Seite, als er ein Geräusch hörte. Verwundert drehte er sich um und erschrak, als er im Türrahmen die Umrisse eines Mannes

wahrnahm. Instinktiv zog er sein Handy aus der Hosentasche, um die Notruftaste zu drücken.
„Hallo Daniel, lange nicht gesehen, was?"
Daniel hielt in der Bewegung inne und starrte den Mann an, als würde er ein Gespenst sehen. Er ließ das Handy zurück in die Hosentasche gleiten.
„Tom? Du? Was machst du denn hier? Wie bist du hereingekommen?"

*

Simone wälzte sich im Bett von einer Seite zur anderen. An Schlaf war nicht zu denken. Sie hatte es mit Lesen versucht. Aber das half heute auch nicht. Als sie nach vier Seiten merkte, dass sie keine Erinnerung hatte, was sie gerade gelesen hatte, klappte sie das Buch zu und legte es auf den Nachtschrank. Ihre Gedanken drehten sich nun um ihre bevorstehenden Projekte und auch der Rotwein hatte nicht geholfen, das Gedanken-Karussell zu stoppen.
In dem Moment als sie endlich einschlummerte, meinte sie, Stimmen zu hören.
Erst dachte sie, ihr angestrengtes Hirn spiele ihr einen Streich. Als sie sich konzentrierte und in die Dunkelheit hinein hörte, vernahm sie die Stimmen von zwei Männern. Die eine konnte sie eindeutig ihrem Mann zuordnen.
Neugierig stand sie auf und zog sich einen dünnen Morgenmantel über. Sie musste die Türklingel überhört haben. Als ihr Blick auf den Wecker fiel, fragte sie sich, wer um alles in der Welt ihnen so spät noch einen Besuch abstattete?
Simone tastete sich leise die Treppe hinunter. Sie sah einen Lichtspalt unter der Wohnzimmertür, die nun geschlossen war.
Am Tonfall erkannte sie, dass Daniel den Besucher zu kennen

schien. Dennoch zögerte sie. Sie wollte nicht in diesem Aufzug einfach in das Gespräch hineinplatzen und eigentlich wollte sie längst schlafen. Doch die Neugierde gewann die Oberhand und die Müdigkeit war wie weggeblasen. Sie spähte stattdessen durchs Schlüsselloch.
Durch den ovalen Ausschnitt sah sie Daniel und einen ihr unbekannten Mann. Dieser drehte sich gerade zum Kamin, wodurch sie auf dessen linker Wange ein Feuermahl entdeckte.
Um besser hören zu können, was gesprochen wurde, presste sie ihr Ohr an die Tür. Sie kam sich ein wenig kindisch vor und das schlechte Gewissen nagte bereits an ihr. Allerdings spürte sie eine unheilvolle Atmosphäre und befand, dass sie sich lieber nicht bemerkbar machen sollte.

*

„Wie ich hier herein gekommen bin? Fragst du das ernsthaft? Du hast doch wohl nicht meine Fähigkeit als Spezialist für Einbrüche vergessen?"
„Was willst du?", fragte Daniel mit fester Stimme, obwohl ihn ein Gefühl der Kälte durchfuhr, das ihn innerlich frieren ließ.
Statt eine Antwort zu geben, bewegte Tom sich durch den Raum und schaute sich um.
„Schön hast du es hier. Besser gesagt, ihr. Du bist verheiratet. Sexy Mädchen, deine Kleine!", entgegnete Tom im auffordernden Ton, merkte jedoch, dass er sich fast weinerlich anhörte.
„Lass meine Frau aus dem Spiel", schimpfte Daniel.
„Keine Angst. Von deiner Frau will ich nichts. Ihr seid ein hübsches Paar. Sie engagiert sich sehr in Siebleben."
Tom unterbrach sich selbst und lachte leise auf.
„Siebleben. Wie bist du nur auf dieses Kaff gekommen? Es gibt schönere Orte, um abzutauchen."

„Was soll das? Wieso abtauchen?"
Tom schaute ihn überrascht an.
„Oh, wenn das so ist, dann wird unser kleines Wiedersehen nur von kurzer Dauer sein. Wenn du keinen Grund hast, unterzutauchen, dann hast du mein Geld sicher gut angelegt und kannst mich ruckzuck auszahlen. Ich habe auch von deinen Anteilen an der „Blauen Perle" und deinem Einsatz für die Wiederbelebung der Pferderennbahn auf dem Boxberg gehört. Du bist an der Rennbahn-Gaststätte finanziell beteiligt oder täusche ich mich da etwa?"
„Dein Geld?"
„Ja, meinen Anteil, du erinnerst dich?"
Daniel verfluchte den Tag, an dem er Tom zum ersten Mal begegnet war. Und er würde den heutigen Tag verfluchen, an dem Tom ihn nach all den Jahren aufgespürt hatte. Für Tom war es sicher ein Leichtes gewesen, das Internet nach ihm zu durchsuchen.
Natürlich wusste er, warum Tom aufgetaucht war. Wie sehr hatte er sich vor diesem Augenblick gefürchtet.
„Soll ich dir vielleicht auf die Sprünge helfen, alter Freund?", riss Toms Stimme ihn aus den Gedanken.
„Du willst mir doch nicht weismachen, dass du unseren Einbruch in die Bankfiliale, damals in Fulda, vergessen hast. Zehn Jahre sind eine lange Zeit, aber so lang nun auch wieder nicht.
Und das ich mich erst jetzt melde, liegt ja auch an dir."
In Daniel stiegen die Bilder hoch, die er jahrelang verdrängt hatte und die er am liebsten für immer aus seinem Gedächtnis gelöscht hätte. Doch wie ein Eintrag auf einer Internetseite, waren auch die Erinnerungen nicht einfach so zu löschen.
Er sah sich hinter dem Steuer des alten blauen VW Golfs gegenüber des Eingangs der Bankfiliale sitzen. Sah, wie Tom mit der

Beute auf die Straße stürmte und den Rucksack mit den Geldscheinen durch das offene Seitenfenster auf die Rückbank warf. Als er selbst einsteigen wollte, zerrte ihn ein beherzter Bankangestellter am Arm. Tom kam ins Straucheln, stürzte auf den Fußweg und wurde überwältigt. Daniel hatte nicht lange gezögert, das Gaspedal durchgetreten und war wie ein Besessener davongefahren.
Tom hatte Daniels Identität nie preis gegeben. Er saß fast zehn Jahre in der JVA in Kassel, ohne Aussicht auf vorzeitige Entlassung.
„Ich habe das Geld nicht mehr.“, erklärte Daniel kleinlaut.
Tom nickte und rümpfte die Nase.
„Das ist aber echt schade. Dafür, dass ich dich nicht verraten und für dich mit gesessen habe, hätte ich ein bisschen mehr Entgegenkommen erwartet.“
Unschlüssig schaute Daniel seinen ehemaligen Komplizen an.
„Ich habe dich nie darum gebeten. Es war deine Entscheidung mich nicht zu verraten.“
„Wenn ich mich recht entsinne, beträgt mein Anteil 150.000 €. Ich denke, ich zeige guten Willen und gebe dir bis morgen Abend um diese Zeit die Gelegenheit, das Geld aufzutreiben. Andernfalls, weißt du, was passieren wird.“
Wieder schaute er sich im Raum um und machte eine ausladende Geste.
„Ich schätze, du hast keine andere Wahl, wenn ich nicht doch noch mit der Polizei reden soll. Ich denke, wir sehen uns morgen Abend wieder. Mit meinem Geld versteht sich.“
Tom wandte sich von Daniel ab und ging auf die Wohnzimmertür zu.

*

Simone war froh, dass sie sich rechtzeitig unter die Treppe geflüchtet hatte, als der Fremde unvermittelt die Tür mit Schwung aufriss und mit schnellen Schritten das Haus verließ.
Benommen verharrte sie unter der Treppe und zwang sich, ihre Gedanken zu sortieren. Als sie wenige Augenblicke später Richtung Wohnzimmer lugte, sah sie, wie Daniel die Whiskyflasche aufschraubte, sie an die Lippen hob und so lange trank, bis sie leer war.
„Wie erbärmlich", flüsterte sie fassungslos.
Ihr Mann, ein Abgeordneter im Landtag, sollte ein räudiger Dieb sein. Das konnte nicht sein. Das durfte einfach nicht sein. Benommen zog sie die Knie ganz dicht an ihren Körper und zwang sich mit zittrigen Gliedern zum nachdenken.
Ihr fiel ein, wie er damals, als sie sich kennenlernten, behauptet hatte, dass er mit dem Erbe einer verstorbenen Tante bedacht worden war. Er hatte gelogen, nichts davon war wahr. Sie hatten ihren Wohlstand auf einer Lüge mithilfe von Diebesgut aufgebaut.
Simone war klar, dass der Fremde wiederkommen und nie und nimmer auf seinen Anteil verzichten würde.
Sie würden alles verlieren, das Haus, ihre gesellschaftliche Stellung, alles wofür sie gelebt hatte.
Simone kroch unter der Treppe hervor.
Sie würde nicht mit ihrem Mann untergehen, dessen war sie sich sicher.
Mittlerweile hellwach, wusste sie plötzlich, was zu tun war. Leise schlich sie ins Wohnzimmer. Daniel stand am Fenster, in vom Alkohol vernebelten Gedanken versunken. Er bemerkte nicht, wie sie leise ins Wohnzimmer schlich und den Schürhaken ergriff.
Sie flüsterte ihm leise ins Ohr: „Sorry, mein Schatz."

Im gleichen Augenblick sackte er in sich zusammen und blieb reglos liegen. Simone wischte den Schürhaken mit der Innenseite des Ärmels ihres Morgenmantels ab und ließ ihn auf den Boden fallen. Sie holte ein paar Mal tief Luft, fing laut an zu schreien, rannte zur Haustür, riss diese auf und stolperte förmlich auf die Straße. Sie lief vor zur Hauptstraße, wollte die Weimarer Straße erreichen, auf der zu dieser Zeit bestimmt noch Autos fuhren.
Ihr Morgenmantel flatterte im Wind, ihr Haar war zerzaust und Tränen rannen ihr über die Wangen.
Erst jetzt bemerkte sie, dass sie einen ihrer Pantoffel verloren hatte. Sie kickte den anderen ebenfalls von sich und lief barfuß weiter.
Endlich hörte sie ein Motorengeräusch hinter sich.
Als sie sich umdrehte, kam ein Auto im Schritttempo von hinten auf sie zu.
Sie winkte wie eine Besessene und schirmte mit dem anderen Arm das blendende Licht ab.
Als der Wagen hielt, riss sie ohne zu zögern die Beifahrertür auf und zeigte aus der Richtung, aus der sie gerade gekommen war.
„Bitte, Sie müssen mir helfen. Mein Mann...ich... tot, er ist tot!"
„Nun beruhigen Sie sich erst einmal. Was ist denn geschehen?", hörte sie eine sanfte Männerstimme auf sie einreden.
„Ein Einbrecher hat meinen Mann getötet. Ich hatte mich unter der Treppe versteckt und als er weg war, bin ich aus dem Haus gestürmt."
„Sie haben also noch nicht die Polizei verständigt?"
Simone schüttelte den Kopf.
„Nein", keuchte sie.
„Steigen Sie ein und kommen Sie erst einmal zur Ruhe."
Simone nahm das Angebot gern an, ihr Aufzug war ihr peinlich.
Sie sah, dass der Mann ein Handy hervorholte.

„Wie heißen Sie denn und wo ist der Einbruch genau geschehen?“
„Mein Name ist Simone Fries und ich wohne Wandersleber Straße 4.“
„Haben Sie den Einbrecher genau erkannt?“
„Ja, ganz deutlich. Er hat auf der linken Wange ein Feuermal“, versicherte Simone ihm und sah, wie der Mann unverrichteter Dinge sein Handy zurück in die Jackentasche steckte.
Simone war verwirrt. Noch ehe sie den Grund für dieses merkwürdige Verhalten herausfinden konnte, verriegelte der Fahrer mit einem Knopfdruck die Türen des Fahrzeugs.
„Was soll das?“ fragte sie mit einem Anflug von Panik und drehte sich zu dem Fahrer um. Nur mit Mühe konnte sie einen Aufschrei unterdrücken, als sie auf dessen linker Wange ein rotes Feuermal entdeckte.

Freizeittipps

○ SIEBLEBEN

Siebleben wurde erstmals im 9. Jahrhundert unter dem Namen „Sibilebo“ erwähnt und gehört seit 1421 zum Amt Gotha.

○ KIRCHE ST. HELENA

Nach der Zerstörung der ersten Siebleber Kirche (Marienkirche erstmals 1365 erwähnt) im Jahre 1809, erfolgte der erste Spatenstich für eine neue Kirche im Jahre 1820. Im Dezember 1827 wurde die Kirche im Beisein des Herzogs Ernst I. von Coburg-Gotha eingeweiht.
Der wohlhabende Bauer Wilhelm Umbreit soll die Glocke für

die Kirche gestiftet haben, weshalb die Glocke auch „Umbreitglocke“ genannt wird.
Da das Geld für eine Kirchturmspitze nicht mehr ausreichte, bekam die Kirche ein hölzernes Kreuz als Turmabschluss.
1999 erhielt die Kirche außerdem einen gläsernen Anbau.
Weitere Informationen unter:
www.siebleben.de

❍ GUSTAV-FREYTAG GEDENKSTÄTTE

Weimarer Straße 145

Dies Gedenkstätte wurde mit einem Teil des Nachlasses Gustav Freytags eingerichtet.
Öffnungszeiten:
Samstag und Sonntag von 14:00 Uhr bis 17:00 Uhr
Weitere Informationen unter:
Heimatgeschichte Siebleben e.V.
Ziegeleigasse 5
99867 Gotha
Tel.: 03621 / 403100 oder www.heimatgeschichte-siebleben.de

❍ SCHLOSS MÖNCHSHOF

Das Schloss wurde 1729 im Barockstil erbaut. Herzog Ernst der II. kaufte das Schloss für 40.000 Goldmark für seinen Sohn August als Sommerresidenz, weshalb das Grundstück um das Schloss als Landschaftsgarten, mit Alleen und Teichen, umgestaltet wurde.
Heute befindet sich das Schloss in Privatbesitz. Die Besitzer bieten Besuchern die Möglichkeit im Schloss Mönchshof zu übernachten.
Dazu gibt es zwei angegliederte Ferienwohnungen für max. 6-8 Personen.

Die beiden Ferienwohnungen (1x 120 Quadratmeter und 1x 60 Quadratmeter groß), sind modern und mit sämtlichen Komfort ausgestattet.
Jeden ersten Sonntag im Monat gibt es für Besucher die Möglichkeit, den Schlosspark zu besuchen. In aller Ruhe kann man am Fischteich entlang spazieren oder die Ruine des alten Lagerkellers oder Brunnens besichtigen.
Weitere Informationen unter:
Bettina und Thomas Balling
Salzgitter Straße 90
99867 Gotha oder www.schloss-moenchhof.de

❍ CAFÉ UND SPEISEGASTSTÄTTE OMA PLÜSCH

Weimarer Straße 138

Die Gaststätte wurde erstmals 1365 als Schenke „Zur Weintraube“ erwähnt. Später war sie unter dem Namen „Gasthof zur Stadt Gotha“ bekannt.
Seit 1998 wird die Gaststätte als „Oma Plüsch“ mit integrierten Antiquitäten An- und Verkauf geführt.
Die Gaststätte bietet nicht nur regionale Speisen (Bratwürste, Schnitzel, Klöße u.s.w.) und Eisspezialitäten, sondern auch selbstgebackene Kuchen und Torten (auch außer Haus) an.
Warme Küche ist stets von 11:00 Uhr bis 21:00 Uhr.
Öffnungszeiten:

Montag	geschlossen
Dienstag bis Sonntag	von 11:00 Uhr bis 22:00 Uhr

Bei schönem Wetter ist der Biergarten täglich ab 11:30 Uhr geöffnet!
Weitere Informationen unter:
Tel.: 03621 / 892878 oder www.oma-plüsch.de

❍ BOXBERG

Der Boxberg ist ein etwa 359 m hoher bewaldeter Höhenzug südwestlich von Gotha. Die Gesamtfläche beträgt etwa 200 ha. Von Gotha aus erreicht man den Boxberg nach einer viertel Stunde Fahrt mit der Thüringer Waldbahn. Durch das Gebiet des Boxberges fließt ein Teil des Leinakanals.
Der Boxberg, mit seinen vielen Wanderwegen, bietet Erholungssuchenden eine passende Auszeit vom Alltagsstress.

❍ RENNBAHN – GASTSTÄTTE

Am Boxberg 1a

Die Gaststätte, in der Nähe der Rennbahn gelegen, bietet thüringische und internationale Küche. Aber auch leckerer Kaffee und Kuchen können in idyllischer Lage auf einem der 140 Sitzplätzen im Biergarten oder im Gastraum genossen werden.
Die Gaststätte ist behinderten-gerecht, bietet einen großen Parkplatz und im großen Saal auch die Möglichkeit für Familien- und Vereinsfeiern. Die Autobahnabfahrt Gotha-Boxberg und die Nähe der Thüringer Waldbahn bietet eine günstige Verkehrsanbindung.
Öffnungszeiten:
Montag geschlossen
Dienstag bis Donnerstag von 11:30 Uhr bis 21:00 Uhr
Freitag bis Sonntag von 11:30 Uhr bis 00:00 Uhr
Weitere Informationen unter:
Tel.: 03622 / 208364 oder www.kultourstadt.de

❍ PFERDERENNBAHN AUF DEM BOXBERG

Seit 1842 finden auf dem Gelände eines ehemaligen Exerzierplatzes Pferderennen statt.
Die Tribüne ist im viktorianischem Stil erbaut.

Der Boxberg gehört zu den längsten Flachrennbahnen in ganz Deutschland.
Aus Mangel an Sponsoren fanden in den letzten Jahren keine Galopprennen mehr statt. Dennoch ist der Boxberg ein beliebtes Ausflugsziel vor den Toren von Gotha.
Weitere Informationen unter:
www.eventpark-boxberg.de

- **TANZBAR WEISSE WAND- BLAUE PERLE**
  Cosmarstrasse 26

Die Blaue Perle ist eine Disco, Tanz-und Cocktail-Bar zugleich. Ob Dart oder Billard, für jeden Gast ist auf mehreren Ebenen bestimmt die passende Unterhaltung dabei.
Die Blaue Perle bietet jeden Donnerstag auf ihrer Cocktail-Schnupper-Party von 21:00 Uhr bis 23:00 Uhr alle Cocktails zum Preis von 3,50€ an.
Öffnungszeiten:

Donnerstag	von 21:00 Uhr bis 03:00 Uhr
Freitag	von 21:00 Uhr bis 05:00 Uhr
Samstag	von 21:00 Uhr bis 05:00 Uhr

Weitere Informationen unter:
Tel.: 03621 / 700904 oder www.blaue-perle.de

Die letzte Geschichte

Sven Boltes neues Buchprojekt sollte aus fünfzehn Geschichten bestehen, die er alle in seiner alten Heimatstadt Gotha ansiedeln wollte. Stundenlang hatte er mit der Recherche über die Stadt verbracht, aus der er vor über zwanzig Jahren weggezogen war.

Seine Erinnerungen aus längst vergangenen Zeiten waren nur so aus ihm herausgesprudelt.
Die erste Wohnung in der Kindermannstraße, die unbeschwerten Spiele auf der Straße vorm Haus. Auch seine Schulzeit, die er am liebsten aus seinem Gedächtnis gestrichen hätte, weil er ein ängstlicher Schüler gewesen war, flossen in die Geschichten mit ein. Die Klassenkameraden, um deren Anerkenung er zehn Jahre lang gekämpft und doch nie ganz erlangt hatte, tauchten, wenn auch mit geänderten Namen, auf. Ohne Unterlass flogen seine Hände über die Tastatur des Laptops, als gäbe es keinen Morgen. Als er nur noch eine Geschichte zu schreiben hatte, über deren Inhalt er sich noch nicht ganz im klaren gewesen war, kam er auf die Idee, diese Geschichte in Gotha zu schreiben.
Kurzentschlossen war er aus dem Hohen Norden nach Thüringen aufgebrochen, hatte sich ein Zimmer im Hotel am Schlosspark genommen und sich zum Schreiben auf sein Zimmer zurückgezogen.
Doch kaum saß er vor dem hochgefahrenen Computer und schaute auf den leeren Monitor, passierte genau das, vor dem sich jeder Autor im Stillen fürchtete.
Zuerst hielt Sven Bolte es für die normale Schwierigkeit, seine Gedanken in passenden Sätze zu formulieren. Immer wieder begann er die Geschichte neu, strich ganze Textpassagen und formulierte seine Gedanken um. Nach drei Stunden musste er sich allerdings eingestehen, dass er nichts Vernünftiges zustande gebracht hatte.
Er schaltete den Computer aus.
Vielleicht, so dachte er, würde es helfen, wenn er die Geschichte, wie früher, per Hand auf Papier brachte. Doch auch diese Methode war nicht von Erfolg gekrönt.
Er spürte, wie ihm der Schweiß auf der Stirn hinunterlief. Ein

eiskalter Schauer lief ihm den Rücken herunter, als er begann, sich der unausweichlichen Tatsache zu stellen, er, Sven Bolte, hatte eine SCHREIBBLOCKADE.

Fluchtartig verließ er sein Zimmer, verließ ohne die Dame an der Rezeption eines Blickes zu würdigen das Hotel und lief in Richtung Stadtzentrum.

Er wollte unter Leute gehen, sich ablenken und hoffte, dass er sich täuschte, dass heute einfach nicht der richtige Tag zum Schreiben war.

Stundenlang bummelte Sven Bolte durch die Innenstadt von Gotha.

Als ihm eine Frau im Kostüm einer mittelalterlichen Magd entgegenkam, spielte er kurz mit dem Gedanken sich der Gruppe, die sie als Stadtführerin anführte, anzuschließen. Doch er entschied sich im letzten Moment gegen eine Stadtführung. Lieber wollte er allein seinen Gedanken nachhängen, sich noch ein Weilchen selbst bemitleiden.

Als er nach seinem Spaziergang am Rathaus vorbei ging und sich wenig später die Auslagen der Geschäfte in der Jüdenstraße anschaute, fiel ihm ein Mann auf. Er mochte, wie er, Anfang vierzig sein. Er trug einen alten abgewetzten schwarzen Anzug und einen grauen Schlapphut auf dem Kopf.

Der fremde Mann wäre Sven Bolte nicht aufgefallen, wenn dieser nicht ständig am Eingang des Hauses direkt auf der anderen Straßenseite hin und her gelaufen wäre und zu einem Fenster im zweiten Stockwerk hoch gesehen hätte.

„Vielleicht wartete der Mann auf jemanden", dachte Sven Bolte bei sich und wollte schon seinen Weg fortsetzen, als sich unvermittelt ihre Blicke trafen.

Sein Blick schien ihn still um Hilfe zu bitten, ohne dass der Fremde sich auf ihn zubewegte. Stumm hielt er Sven Boltes

Blick stand, bis dieser sich entschloss, dem stummen Leiden des Mannes ein Ende zu bereiten.
Er trat an den Mann heran, folgte seinem Blick in den zweiten Stock und fragte in ruhigem Ton:
„Kann ich Ihnen irgendwie behilflich sein?"
Der Mann blieb stumm. Dann erklang seine zittrige, tiefe Stimme.
„Vor vielen Jahren habe ich einmal dort oben in der Wohnung im zweiten Stock gewohnt. Natürlich hatte das Haus damals keinen frischen Anstrich. Damals blätterte die Farbe von den Fensterrahmen, die jeden Luftzug durchließen.
Es war unser Versteck. Dort oben haben wir uns zurückgezogen, verborgen vor den Blicken der Welt. Doch leider ist man uns nach ein paar Monaten auf die Schliche gekommen."
Der Mann schaute Sven Bolte an und grinste. Sven Bolte sah die Melancolie in dessen Blick. Er war sich sicher, dass der Mann ihm mehr über diese Wohnung erzählen wollte, doch schien die belebte Einkaufsstraße nicht der Ort zu sein, um das Gespräch fortzusetzen. Sven Boltes Magen fing an zu knurren. Ihm wurde klar, dass er außer dem Frühstück am Morgen noch nichts zu sich genommen hatte.
„Lust auf einen halben Broiler mit Pommes im Gockel Grill?"
„Ist das eine Einladung?"
„Aber klar, was denn sonst", erwiederte Sven Bolte. Die Geschichte des Mannes hatte ihn neugierig gemacht.
„Mit einem vollen Magen würde es sich besser reden lassen", dachte er bei sich. Er zweifelte keinen Augenblick daran, dass der fremde Mann darauf brannte, ihm die ganze Geschichte zu erzählen.
Als sie wenig später ihr Essen auf einem Pappteller zu einer Bank am Hauptmarkt trugen, stellte sich der fremde Mann Sven Bolte vor.

„Ich heiße Frank Thiel."
„Sven Bolte", erwiederte er und fragte:
„Kommen Sie aus Gotha?"
„Ja, aber ich war eine Zeit lang weg. Notgedrungen."
Sven Bolte machte große Augen.
„Das soll heißen?"
„Ich war im Knast, bin erst vor ein paar Wochen entlassen worden."
Sven Bolte verkniff es sich, nach dem Grund des Gefängnissaufenthaltes zu fragen. Doch Frank Thiel schien ihm die Neugier an der Nasenspitze abzulesen.
„Mein Aufenthalt hat auch mit der Wohnung in der Jüdenstraße zu tun", erklärte Frank Thiel mit vollem Mund.
Doch erst als sie beide ihr Essen gegessen und die Pappteller entsorgt hatten, begann Frank Thiel seine Geschichte zu erzählen.

*

„Ich war vor vielen Jahren Lehrer für Kunst und Geschichte an einer Schule hier in Gotha. Den Namen der Schule will ich Ihnen lieber verschweigen. Ich war mit meinem Beruf zufrieden, wollte nie etwas anderes, als Kinder zu unterrichten.
Eines Tages bekam ich in meine Klasse, in der ich Klassenlehrer war, eine neue Schülerin. Sehr schnell bemerkte ich, dass sie eine echte Begabung im Zeichnen von Landschaftsbildern hatte. Ich war begeistert, begann sie zu fördern, auch nach dem Unterricht. Zweimal die Woche trafen wir uns im Schlosspark und skizzierten Entwürfe für spätere Aquarellzeichnungen.
Es war eine schöne Zeit.
Doch eines Tages, als sie mir sagte, sie könne nicht mehr zu unseren Treffen nach dem Unterricht kommen und ich allein in den Schloßpark ging, da bemerkte ich, dass ich sie vermisste.

Erst allmählich gestand ich mir ein, dass ich mich in sie verliebt hatte. Sie war siebzehn Jahre alt und ich siebenunddreißig. Natürlich wusste ich, dass es unvernünftig und außerdem illegal war, für ein Mädchen, dass zwanzig Jahre jünger war als ich, solche Gefühle zu hegen. Aber kämpfen Sie mal gegen die eigenen Gefühle an.
Im Unterricht begann ich ihr so weit wie möglich aus dem Weg zu gehen, vermied unnötigen Blickkontakt. Ich hoffte so meine Gefühle zu ihr in den Griff zu bekommen.
Fast wäre es mir gelungen.
Doch wenig später gestand sie mir, dass ihr Vater ihr verboten hatte, sich mit mir nach dem Unterricht zum Zeichnen zu treffen. Er hatte Angst um seine Tochter. Er drohte ihr mit Stubenarrest und ihr blieb nichts anderes übrig, als sich zu fügen.
Als sie mir nach dem Unterricht erklärte, dass sie sich in mich verliebt hatte, ihr die Nachmittage mit mir fehlten und sie sich nach mir sehnte, da war es erneut um mich geschehen. All meine unterdrückten Gefühle, all meine Liebe zu ihr entfachte von neuem und diesmal gab es kein Zurück mehr. Ich mietete für unsere heimlichen Treffen eine Wohnung in der Jüdenstraße.
Wann immer wir die Gelegenheit hatten, trafen wir uns dort zum Zeichnen, Reden und Lieben. Wir lebten fast schon wie ein altes Ehepaar zusammen. Natürlich wussten wir, dass wir nicht ewig so weitermachen konnten. Auch Kerstin, so heißt meine große Liebe, wusste es, doch ihr jugendlicher Optimismus ließ keine trüben Gedanken zu. Eines Abends jedoch klingelte es an der Tür und als ich sie öffnete, wusste ich, dass nun der Augenblick gekommen war, in dem unsere Beziehung, die nur ein Kartenhaus war, zusammenstürzen würde."

*

An dieser Stelle unterbrach Frank Thiel seine Geschichte. Sven Bolte unterstellte ihm bewundernd ein Gefühl für Dramatik, was ihm als Autor ebenfalls nicht fremd war.
Er sah, dass Frank Thiel zu dem leeren Tisch vor FranX's Modecafé sah und begriff seinen unausgesprochenen Wunsch.
„Ein Milchkaffee für uns beide wäre sicher keine schlechte Idee“, erklärte Sven Bolte und sah das Grinsen auf Frank Thiels Gesicht.
Als sie sich wenig später an einen kleinen runden Tisch vor dem Café gesetzt hatten und die vollen Kaffeetassen zu sich zogen, fuhr Frank Thiel mit seiner Geschichte fort.

*

„Kerstins Vater stand vor der Tür. Ohne ein Wort schob er mich zur Seite, drang in die Wohnung ein und stellte seine Tochter zur Rede. Sie verteidigte unsere Liebe mit jeder Faser ihres Herzens, doch ihr Vater wollte von all dem nichts wissen. Am Ende versuchte er sie mit Drohungen dazu zu bewegen, die Wohnung zu verlassen. Als sie sich weigerte, begann er sie von der Stelle neben dem Fenster, an dem sie stand, wegzuzerren. In diesem Augenblick trat ich auf ihn zu, zerrte ihn von Kerstin weg und schubste ihn zur Seite.
Kerstins Vater hatte nicht mit meinem Eingreifen und meiner Kraft gerechnet. Er kam ins Straucheln und fiel seitlich auf die Kante eines kleinen Beistelltischs.
Erst nach und nach begriff ich, dass Kerstins Vater nicht nur eine Kopfwunde davongetragen hatte. Kerstins Vater war tot.
Natürlich riefen wir die Polizei und den Krankenwagen.
Die Polizei glaubte jedoch nicht an einen Unfall. So sehr auch Kerstin den Beamten beteuerte, dass es sich um einen Unfall handelte, die Polizei hatte angesichts unseres Verhältnisses ihre

eigene Theorie. Ich wurde verhaftet und als man mich mit Handschellen aus unserer Wohnung abführte, beteuerte Kerstin ewig auf mich zu warten."

*

„Und, hat sie?", fragte Sven Bolte, als Frank Thiel unvermittelt verstummte.

„Ja und nein", erklärte er.

Umständlich begann er etwas aus der Innentasche seiner Anzugsjacke zu ziehen. Es war eine zerknitterte Karte. Er legte sie vor Sven Bolte auf den Tisch.

„Um einen Skandal zu verhindern, nahm Kerstins Mutter sie von der Schule und beschloss das Land zu verlassen.

Sie zog zu fernen Verwandten nach Kuba."

Frank Thiel zeigte auf die Karte.

„Kerstin hat mir geschrieben und berichtet, dass ihre Mutter gestorben sei und wir nun endlich unser gemeinsames Leben weiterführen können."

Sven Bolte nahm die Karte in die Hand. Auf der Vorderseite war ein Gebäude an einem Marktplatz von Havanna zu sehen. Auf der Straße fuhr ein altes, amerikanisches Auto aus den fünfziger Jahren. Sven Bolte fiel das Modell des Fahrzeugs nicht ein.

Als er die Karte umdrehte, sah er ein paar Zeilen in einer kleinen unleserlichen Schrift. Kaffeeflecken erschwerten zusätzlich das Entziffern der Worte. Nickend gab Sven Bolte die Karte an Frank Thiel zurück.

„Das hört sich nach einem Happy End an."

Frank Thiel holte tief Luft:

„Leider gibt es ein Problem. Ich habe nicht genug Geld, für einen einfachen Flug nach Kuba."

Er steckte die Karte zurück in die Jackentasche.

Sven Bolte sah ihn abwartend an, dann fragte er:
„Haben Sie nichts auf der hohen Kante?“
Frank Thiel schüttelte den Kopf.
„Es reicht nicht ganz“, sagte er.
Wieder kramte er in seiner Jackentasche und legte Sven Bolte diesmal ein Kontoauszug auf den Tisch.
Dieser beugte den Kopf über den Auszug und erkannte, dass der Mann einen Konto mit knapp tausend Euro besaß.
„Es fehlen noch zweihundert Euro. Leider kenne ich niemanden, der mir einfach so zweihundert Euro leihen würde. Natürlich würde jeder, der mir das Geld leiht, das Geld zurückbekommen, sowie ich auf Kuba einen Job gefunden habe.“
Sven Bolte grinste in sich hinein. Natürlich wusste er, worauf Frank Thiel hinaus wollte. Er hoffte, dass er ihm das Geld leihen würde.
Sven Bolte holte seine Geldbörse hervor, zog zwei Hundert Euro Scheine heraus und legte sie dem Mann auf dem Tisch.
Dieser starrte verwirrt auf die Geldscheine.
„Echt jetzt? Sie wollen mir das Geld leihen?“
Sven Bolte nickte.
„Ja, an Ihrer Stelle würde ich das Geld schnell wegstecken, bevor ich es mir noch anders überlege.“
Frank Thiel ließ sich das nicht zweimal sagen.
Dann ließ er sich von Sven Bolte dessen Kontoverbindung geben, damit er das Geld von Kuba aus an ihn zurück überweisen konnte.
Sven Bolte gab ihm die Daten, obwohl er sich sicher war, dass er das Geld nie wiedersehen würde.
Es verwunderte ihn auch nicht, als Frank Thiel es auf einmal sehr eilig hatte und ihn, fünf Minuten später, allein am Tisch zurückließ.

Sven Bolte bezahlte in aller Ruhe ihre Rechnung und machte sich auf den Weg zum Hotel.

*

Als Sven Bolte am nächsten Morgen auf der Terrasse des Schlosspark-Hotels frühstückte und sein Blick dabei auf die letzte Seite des Thüringischen Landeszeitung fiel, überraschte es ihn nicht sonderlich, dass Bild seines gestrigen Gesprächspartners abgedruckt zu sehen. In einem kleinen Beitrag unter dem Bild warnte die Polizei vor einem gewissen Jens Schubert, der mit verschiedenen raffinierten Geschichten versuchte, gutgläubigen Menschen das Geld aus der Tasche zu ziehen. Nach Angaben der Polizei sei es ihm bis zum heutigen Tag gelungen, sich rund fünftausend Euro zu ergaunern. Bei seinen Gaunerreien soll nach Angaben von Geschädigten eine alte zerschlissene Ansichtskarte von Kuba eine Rolle spielen. Sven Bolte schob das schmutzige Frühstücksgeschirr zur Seite, klappte sein Laptop auf und begann seine letzte Geschichte zu schreiben. In dieser Geschichte sollte es um einen fremden Mann gehen, der einem verzweifelten Autoren zweihundert Euro aus der Tasche gezogen hatte, ihm dafür aber ohne es zu wissen, die Idee für seine letzte fehlende Geschichte schenkte.

Freizeittipps

FRANX'S MODEBOUTIQUE & MODECAFÉ | Hauptmarkt 25

Neben hochwertigen Modemarken, bietet FranX's seit 2006 im ersten Stock ein kleines, feines Modecafé mit ausgewählten Torten und Getränken.

Im Café können außerdem Feierlichkeiten für bis zu 30 Personen ausgerichtet werde.
Außerdem veranstaltet das FranX's in regelmäßigen Abständen verschiedene Modenschauen.
Öffnungszeiten:

Montag bis Freitag	von 10:00 Uhr bis 18:00 Uhr
Samstag	von 10:00 Uhr bis 14:00 Uhr

Weitere Informationen unter:
Tel.: 03621 / 211476 oder www.franxs-gotha.de

❍ GOCKEL GRILL | Hauptmarkt 26

Der Gockel Grill bietet seit Jahrzehnten dem Besucher eine Auswahl an verschiedenen Geflügelspezialitäten.
Bis zu 40 Sitzplätze laden zum Verweilen und Genießen ein.
Öffnungszeiten:

Montag bis Donnerstag	von 9:00 Uhr bis 18:00 Uhr
Freitag	von 9:00 Uhr bis 15:00 Uhr
Samstag / Sonntag	Ruhetag

Weitere Informationen unter:
Tel.: 03621 / 853254 oder www.kulturstadt.de

❍ HOTEL „AM SCHLOSSPARK“ | Lindenauallee 20

Das Hotel liegt wenige Gehminuten von der Gothaer Innenstadt entfernt, direkt am wunderschönen Schlosspark. Mit seinen 16 Junior-Suiten, 58 Doppelzimmern und 20 Einzelzimmern, die alle komfortabel und modern ausgestattet sind, bietet das Hotel für jeden Gast die passende Übernachtungsmöglichkeit.
Hinter dem Hotel befindet sich eine großzügige Außenterrasse, auf der man sich mit Essen und Trinken verwöhnen lassen kann, aber auch Ruhe findet, um seine Seele baumeln zu lassen.
Ein reichhaltiges Wellnessprogramm mit Massagen, Sauna und

Beauty-Behandlungen ist ebenfalls ein fester Bestandteil im vielfältigen Freizeitangebot des Hotels.
Außerdem bietet das Hotel verschiedene Angebote und Arrangements an, die stetig wechseln oder ergänzt werden.
Ob ein romantisches Wochenende, ein Kulturaufenthalt oder ein Wellnesswochenende, für jeden Geschmack ist garantiert etwas dabei.
Weitere Informationen unter:
Tel.: 03621 / 4420 oder www.hotel-am-schlosspark.de

❍ RATHAUS | Hauptmarkt 1

Der Renaissancebau bildet den Mittelpunkt des Gothaer Hauptmarktes.
Im Jahre 1665 brannte das Kaufhaus, das an der Stelle des heutigen Rathauses steht, vollständig ab und wurde im Jahre 1666 wieder aufgebaut. Man nimmt an, dass wohl nach dem Wiederaufbau, das Gebäude als Rathaus genutzt wurde.
Das Rathaus besitzt einen 35 Meter hohen Turm. Von seiner 23 Meter hohen Plattform, die für die Öffentlichkeit zugänglich ist, bietet sich ein herrlicher Blick auf die Gothaer Altstadt.
Öffnungszeiten des Rathausturms:
April bis November von 11:00 Uhr bis 18:00 Uhr
Weitere Informationen unter:
Tel.: 03621 / 2220 oder www.gotha.de

❍ STADTFÜHRUNGEN

Die Tourist-Information Gotha bietet regelmäßig öffentliche Stadtführungen an.
Diese finden das ganze Jahr samstags um 14:00 Uhr statt.
Von April bis Oktober gibt es zusätzliche Führungen:
Mittwoch um 11:00 Uhr

Freitag um 14:00 Uhr
Sonntag um 11:00 Uhr
Der Treffpunkt für alle Stadtführungen ist das historische Rathaus auf dem Hauptmarkt. Die Karten kosten 4 € pro Person und sind in der Touristik – Information erhältlich.
Kinder bis 16 Jahre sind in Begleitung eines Erwachsenen frei.

Individuelle Führungen (eine Auswahl):

- Führung durch das Schloss Friedenstein oder das Herzogliche Museum Gotha
Preis: 60 € (bis 30 Personen) zzgl. Eintritt
Dauer: 1,5 Stunden je Führung

- Führung durch das Deutsche Versicherungsmuseum E.W. Arnoldi
Preis: 30 € bis 10 Personen
3 € pro Person ab 11 Personen
Dauer: ca. 1 Stunde

- Führungen mit dem eigenen Fahrrad
Preis: 60 € bis 20 Personen
3 € pro Person ab 21 Personen
Dauer: ca. 2 Stunden

Weitere Informationen über öffentliche Erlebnisrundgänge und audiogeführte Stadtrundfahrten im Kleinbus finden Sie unter:
Touristik-Information Gotha
Hauptmarkt 33
99867 Gotha
Telefon.: 03621 / 510450 oder www.kultourstadt.de

Jährlich wiederkehrende Veranstaltungen für die sich ein Besuch in Gotha immer lohnt!

- **OSTERN**

  Ostereiermarkt

Jedes Jahr zu Ostern, findet auf Schloss Friedenstein der Ostereiermarkt statt. Längst ist der Markt nicht nur zu einem Treffen von Sammlern von bemalten Ostereiern worden, sondern bietet Interressierten eine breite Palette von österlichem Schmuck an. Den Künstlern kann bei ihrer Arbeit gern über die Schulter geschaut werden.
Natürlich können Erwachsene und Kinder sich selbst einmal beim Verzieren ausprobieren.
Öffnungszeiten der Ausstellungshalle:
von 10:00 Uhr bis 17:00 Uhr
Weitere Informationen unter:
www.stiftungfriedenstein.de

- **MAI**

  Gothardusfest

Jedes Jahr am ersten Maiwochenende findet zu Ehren des heiligen Gothardus, dem Schutzpatron der Stadt Gotha, das dreitägige Gothardusfest statt. Begleitet wird das Volksfest von einem bunten Bühnenprogramm, Märkten und einem großen Festumzug. Längst ist das Fest, das jedes Jahr unter einem anderen Motto steht,
über die Stadtgrenzen hinaus bekannt und lockt jedes Jahr tausende von Besuchern aus Nah und Fern an.
Weitere Informationen unter:
Tourist-Information-Gotha (Tel.: 03621 / 510450)
und www.gothardusfest.de

❍ Pfingst-Festival

Jedes Jahr zu Pfingsten veranstaltet die Thüringer Philharmonie Gotha ein Festival. An historischen Orten der Stadt, wie dem Ekhof-Theater oder der Orangerie, bietet es dem Besucher ein Ohrenschmaus aus ihrem reichhaltigen Repertoire aus Orchester und Kammermusik.

Weitere Informationen unter:
Tourist-Information-Gotha (Tel.: 03621 / 510450)

❍ JUNI

Kulturnacht

Eine Nacht lang können „Nachtschwärmer“ an zwanzig verschiedenen Orten der Stadt im 30 Minuten-Takt ein reichhaltiges Kulturangebot genießen. Ob Kleinkünstler, Musiker oder Tänzer, für jeden ist mit Sicherheit das passende Programm dabei. Mit dem Kauf eines Bändchens erhält man zu allen Veranstaltungen Zutritt. Probieren Sie es aus!

Weitere Informationen unter:
www.kulturnacht-gotha.de

❍ Orangenblütenfest

Das Fest lädt seine Gäste in die Orangerieanlagen ein und bietet mit dem Familienerlebnistag ein abwechslungsreiches Programm für große und kleine Leute. Ob eine Führung, ein Flohmarkt, ein Besuch in der Stadtbibliothek oder dem Bemalen von Blumentöpfen, ist für jeden Besucher bestimmt das Richtige dabei.

Weitere Informationen unter:
www.orangerie-gotha.de oder
Tourist-Inforamtion-Gotha (Tel.: 03621 / 510450)

❍ JULI – AUGUST

Ekhof Festival

Von Juli bis August wird das Ekhof-Theater zu neuem Leben erweckt. In historischen Kostümen werden Stücke des 17., 18. und frühen 19. Jahrhunderts aufgeführt. An den Veranstaltungssamstagen finden jeweils um 16:00 Uhr Führungen im Ekhof-Theater statt, bei denen die Besucher auch ein Blick hinter die Bühne riskieren dürfen. Anmeldung unter:
Tel.: 03621 / 8234-0
Weitere Informationen unter:
Stiftung Schloss Friedenstein
Tel.: 03621 / 82340 und www.ekhof-festival.de
Der Kartenvorverkauf beginnt bereits im November des Vorjahres!
Karten erhalten Sie unter:
Tel.: 03621 / 82340
sowie an allen bekannten Vorverkaufsstellen Thüringens, wie den Geschäftsstellen der TA, TLZ und OTZ, sowie der Tourist-Information Gotha und unter: www.ticketshop-thüringen.de

❍ AUGUST

Barockfest

Das Barockfest hat sich zum größten Barockfest Mitteldeutschlands gemausert. Das Schloss Friedenstein verwandelt sich in die farbenprächtige Residenz von Herzog Friedrich III. von Sachsen-Gotha und Altenburg.
Etwa 400 Mitwirkende, in historischen Kostümen, verwandeln das Schloss und die Parkanlage in eine eindrucksvolle, historische Kulisse. Auf dem Schlosshof selbst bieten Steinmetze, Töpfer, Drechsler und andere Handwerker in historischen Kostümen ihre Ware feil.

Ein historisches Karussel, Kutschen und Reiter gehören ebenso dazu, wie die Möglichkeit, selbst einmal in ein historisches Kostüm zu schlüpfen.
Den musikalischen Abschluss des Festes bildet das barocke Festkonzert der Thüringer Philharmonie Gotha am letzten Wochenende im August.
Wie jedes Jahr findet ein Konzert im Schlosshof von Schloss Friedenstein statt. Das Feuerwerk beendet das Fest am Samstagabend.
Tageskarte:
Erwachsene 10€ /Ermäßigt 4 €
zwei-Tageskarte:
Erwachsene 15€ / Ermäßigt 8 €
Kinder und Jugendliche bis zum vollendeten 16. Lebensjahr in Begleitung Erwachsener haben freien Eintritt!
Weitere Informationen unter:
Stiftung Schloss Friedenstein Gotha
Schloss Friedenstein
99867 Gotha
Tel.: 03621 / 823457 oder www.stiftung-friedenstein.de

❍ SEPTEMBER
Tierparkfest

Am ersten Sonntag im September erwartet den Besucher im Gothaer Tierpark ein buntes Programm für die ganze Familie mit Musik, Basteln und natürlich jede Menge gut gelaunten heimischen und exotischen Tieren. Als Höhepunkt erhalten die kleinsten Tierbabys an diesem Tag ihren Namen.
Beginn: von 10:00 Uhr bis 18:00 Uhr
Weitere Informationen unter:
www.tierpark-gotha.de und Tel.: 03621 / 510-460

❍ GOTHA GLÜHT

Mit dem Turmblasen auf dem Rathausturm wird dieses Fest eröffnet.
Dann erklingen auf dem Buttermarkt die Hämmer, glüht das Schmiedefeuer drei Tage lang, denn es kommen Kunstschmiede aus allen Herren Länder nach Gotha und präsentieren ihr Können.
Natürlich gibt es einen Schmiedewettbewerb und das Publikum wählt am letzten Tag den Publikumspreis aus.
Begleitet wird das Fest von verschiedenen Spezialitätenständen auf dem Neumarkt und dem Hauptmarkt.
Weitere Informationen unter:
Gotha glüht e.V.
Friemarer Straße 38
99867 Gotha
Tel.: 03621 / 5105999
www.gotha-glueht.de

❍ OKTOBER
Museumsnacht

An jedem vierten Samstag im Oktober öffnen die fünf Museen der Stiftung Schloss Friedenstein um 20:00 Uhr ihre Türen und laden zu interressanten Führungen und Kurzvorträgen ein.
Eröffnet wird die Museumsnacht durch einen Lampionumzug für Kinder von der Orangerie bis zum Schlosshof.
Weitere Informationen unter: www.stiftungfriedenstein.de

❍ DEZEMBER
Weihnachtsmarkt

Mit dem Glühweinanstich auf dem unteren Hauptmarkt eröffnet der Gothaer Weihnachtsmarkt.

Auf der Stallbühne mit Weihnachtskrippe wird den Besuchern ein abwechslungsreiches Programm geboten.
Auf dem Weihnachtsmarkt wird der größte begehbare Schwibbogen der Welt aufgestellt.
Auf dem Buttermarkt entsteht ein Mittelaltermarkt mit Tavernen, Essenständen, Kunsthandwerkern und einer kleinen Bühne.
Öffnungszeiten:

Montag bis Donnerstag	von 11:00 Uhr bis 20:00 Uhr
Freitag bis Samstag	von 11:00 Uhr bis 22:00 Uhr
Sonntag	von 11:00 Uhr bis 20:00 Uhr

Weitere Informationen unter:
www.weihnachtsmarkt-gotha.de

❍ „DINNER OF GOTH'SCH“

Am 30.12. um 20:00 Uhr und am 31.12. um 17:00 Uhr findet im Kulturhaus Gotha das „wahre Dinner Original“ statt.
Zur Einführung des Theaterstücks wird dem Publikum die beinahe wahre Geschichte des „Dinners“ erzählt. Darin wird behauptet, dass „Dinner for One“ nicht aus England, sondern aus Gotha kommt.
Anschließend beginnt das „Dinner“ mit der neunzigjährigen Herzogin Sophie und ihrem Diener Schluder, der ständig über das wiederspenstige Eisbärfell Knut stolpert.
Kartenvorverkauf:
Touristinformation Gotha
TA / TLZ Geschäftsstelle Gotha
Schloss Friedenstein
Weitere Informationen unter:
www.dinner-auf-gotsch.de

Uelleben

❍ FEBRUAR

Fasching – Veranstalter Faschingsverein

Im Kultursaal Uelleben finden folgende Faschingssitzungen statt: Große Sitzung des ÜFC (20:00 Uhr), Kinderfasching (14:30 Uhr), Seniorenfasching(14:00 Uhr)

❍ OSTERN

Osterfeuer – Veranstalter Feuerwehrverein 1730
findet am Sportplatz statt.

❍ MAI

Maibaumstellen – Veranstalter Feuerwehrverein 1730

❍ JUNI

Kinderfest – Veranstalter Ortschaftsrat Stadt Gotha
Feuerwehrverein 1730; Sportverein; Faschingsverein
Veranstaltung auf dem Sportplatz: Hüpfburg/Rollenrutsche/
Viele lustige Spiele mit attraktiven Kleinpreisen

Sommerfest an der Kirche – Veranstalter Gemeinderat

❍ SEPTEMBER

Tierheimfest – Veranstalter Tierheim „Arche Noah“

❍ OKTOBER

Oktoberfeuer – Veranstalter Feuerwehrverein 1730

❍ NOVEMBER

Faschingsauftakt am 11.11. - Veranstalter Faschingsverein

❍ DEZEMBER

Seniorenweihnachtsfeier – Veranstalter Ortschaftsrat

Weitere Informationen zu den Veranstaltungen finden Sie unter: www.uelleben.eu oder info@uelleben.eu

Siebleben

❍ JANUAR

Knutfest (Weihnachtsbaum-Weitwurf) – Den ganzen Tag ab 15:00 Uhr brennt ein Weihnachbaum-Lagerfeuer. Die Veranstaltung findet am Laufbrunnen/Festplatz an der Feuerwehr statt. Veranstalter ist der Feuerwehrverein Gotha-Siebleben e.V.

❍ FEBRUAR

Karneval im Bürgerhaus „Vier Jahreszeiten"

Veranstalter-Carnevals Club Gotha-Siebleben e.V.

❍ APRIL

Osterfeuer „Auf dem Peter" Veranstalter – Siedlerverein „Am Peter" e.V. – Osternacht und Ostergottesdienst mit Taufen in der Siebleber Kirche „St.Helena" | Veranstalter – Förderverein der Kirchengemeinde Siebleben

Kranznierderlegung zum Todestag von Gustav Freytag an der Grabstätte im Kirchgang der Siebleber Kirche „St. Helena"

❍ MAI

Maibaumsetzen am Laufbrunnen – Festplatz an der Feuerwehr Veranstalter-Feuerwehrverein Gotha-Siebleben e.V.

Im Mai findet außerdem ein Familienwandertag statt

❍ JUNI

„Siebleber Sommerfest“ auf dem Festplatz der Feuerwehr
Veranstalter-Förderverein für Siebleben e.V.

❍ JULI

Gedenkveranstaltung zum Geburtstag von Gustav Freytag
Sommerfest
Flohmarkt
Die Veranstaltungen finden am Pavillion und am Denkmal im Gustav Freytag-Park statt.
Veranstalter-Freunde der Heimatgeschichte Siebleben e. V.

❍ OKTOBER

Drachenfest
Gottesdienst zum Erntedank

❍ NOVEMBER

Faschingsauftakt im Bürgerhaus „Vier Jahreszeiten“
Veranstalter – Carnevals Club Gotha – Siebleben e.V.

❍ DEZEMBER

Siebleber Adventsmarkt
(Der Markt findet auf dem Festplatz an der Feuerwehr statt.)
Adventskonzert und Krippenspiel in der Kirche „St. Helena“

Weitere Informationen finden Sie unter:
www.siebleben.de und Tel.: 03621 / 850081

Boilstädt

❍ JANUAR

Knutfest (u.a. mit Tannenbaum – Weitwurf)
Abschluss des Festes ist das Verbrennen der Tannenbäume.

❍ FEBRUAR

Seniorenfasching / Kinderfasching und Faschingsparty
im „Wiesengrund“

❍ MÄRZ

Oster-Preisskat im Gasthaus „Zum Wiesengrund“
Osterkegeln auf der Kegelbahn des Sportvereins
Osterfeuer an der Feuerwehr Boilstädt

❍ APRIL

Maibaum setzen mit „Tanz in den Mai“

❍ JUNI

Sommerfest
Jeweils am ersten Juniwochenende findet in Boilstädt das dreitägige Sommerfest statt.

❍ AUGUST

Sommer-Preisskat im Gasthaus „Zum Wiesengrund“

❍ SEPTEMBER

Kirmesgottesdienst in der Kirche Boilstädt
Zeltkirmes

❍ NOVEMBER

Martinsumzug in Boilstädt an der Feuerwehr
Weihnachtsmarkt im Kindergarten „Gänseblümchen“
Andacht/ Frühstück zum 1. Advent in der Kirche

❍ DEZEMBER

Boilstädter Dorfweihnacht
Weihnachts- Preisskat im Gasthaus zum „Wiesengrund“
Weihnachts-Kegeln auf der Kegelbahn des Sportvereins
Weitere Informationen zu den Veranstaltungen finden Sie unter:
Ortsteilrat Boilstädt
Dorfstraße 2
99867 Gotha- Boilstädt und www.boilsteadt.de

Sundhausen

❍ APRIL

Maibaumstellen

Das Maibaumstellen beginnt auf dem Sportplatz in Sundhausen um 18:00 Uhr.

❍ MAI

Hähnekrähen

Jedes Jahr zum 1. Mai findet das obligatorische Hähnekrähen statt. Von 8:00 Uhr bis 9:00 Uhr dürfen die Hähne nach Herzenslust krähen. Der Züchter, dessen Hahn am häufigsten gekräht hat, erhält am Ende einen Pokal: „Die goldene Axt“.

❍ JUNI

Sommerfest des St. Josef - Hauses

Das Sommerfest des St. Josef-Hauses findet um 15:00 Uhr statt. Auf dem Fest wir den Besuchern das Seniorenheim vorgestelllt. Bei Bratwürsten, selbstgemachtem Eis, Kaffee und Kuchen können sich die Besucher einen Überblick über die Arbeit des Seniorenheims machen. Der Erlös aus dem Verkauf von Speisen und Getränken kommt den Bewohnern des Pflegeheims zugute.

❍ SEPTEMBER

Kirmes

Drei Tage lang findet jedes Jahr im September die Zeltkirmes in Sundhausen statt. Ob Tanz im Festzelt mit Tanzband und DJ am Freitag und Samstag oder der Kinderkirmes am Sonntag, für jeden Besucher ist sicher das richtige Programm dabei.

Eintritt für die Zeltkirmes im Festzelt:

Freitag: 8 €

Samstag: 8 €

oder fürs Wochenende: 15 €

❍ OKTOBER

Halloween

Die Kulturgesellschaft Sundhausen organisiert jedes Jahr im Oktober eine Halloween-Feier.

Die Feier beginnt um 17:30 Uhr auf dem Sportplatz

❍ Dezember

Christvesper

Am Heiligen Abend findet die Christvesper mit Krippenspiel um 17:00 Uhr in der St.Nikolai-Kirche statt.

Danksagung

Ohne die Hilfsbereitschaft einiger Personen, wäre das Buch in dieser Form nicht zustande gekommen.
Deshalb geht mein Dank an:
Herrn J. Wehner aus Boilstädt; Herrn C. Petters von der Tourist-Information Gotha; Herrn M. Möcker aus Siebleben; Herrn A. Ritter aus Uelleben; Herrn M. Fliedner aus Sundhausen; Herrn M. Andreß von der Stadtverwaltung Gotha und an Miriam Duwe, Rosula und Claus Müller, sowie an Herrn Lutz Ebhardt.
Für ihre Erinnerungen an unsere gemeinsame Vergangenheit in Gotha möchte ich mich bei meiner ehemaligen Schulfreundin Xandy und bei meiner Familie bedanken.
Außerdem geht ein herzlicher Dank an das gesamte Team des „Hotel am Schlosspark" in Gotha, die mir während des Aufenthalts jeden Wunsch von den Augen abgelesen und mir somit eine angenehme Arbeitsatmosphäre geschaffen haben.
Mein besonderer Dank geht an Matthias Hey, dem ich es zu verdanken habe, dass ich überhaupt mit dem Schreiben angefangen habe.
Alle, die ich an dieser Stelle vergessen habe, sehen es mir bitte nach.

Karsten Rauchfuß
Hude/Gotha im Jahre 2018